全国机械行业职业教育优质规划教材（高职高专）

新能源汽车动力蓄电池技术工作页

主　编　汪赵强　刘　港
副主编　王慧怡　贾建波
参　编　张松泓　王志辉　丁徐强　蒋庆来
　　　　袁　牧　吴少华　刘德华　顾吉仁

机械工业出版社
CHINA MACHINE PRESS

本工作页共分三个学习任务,每个学习任务包含五个环节,且每个工作页的实施部分分别对应北汽EV200、比亚迪E6、吉利帝豪EV、奔腾EVB50等新能源汽车进行编写,并与《新能源汽车动力蓄电池技术》教材内容配套使用。每个学习任务都采用情境导入的方式编写,能够提高学生的学习兴趣。任务目标能让老师与学生明确学习任务中的知识与技能目标;任务准备能让学生理解学习任务的基本知识;任务实施能让学生学习原理知识之后,通过充分运用原理知识进行实际操作,并在实际操作中掌握工作规范要求;任务评价能检测学生对本任务知识与技能的了解程度。

本书可作为高等院校、高等职业院校车辆工程、新能源汽车技术及其相关专业的教材,也可作为新能源汽车相关工程技术人员、管理人员和培训机构学员的工作任务书。

图书在版编目(CIP)数据

新能源汽车动力蓄电池技术工作页 / 汪赵强,刘港主编 . —北京:机械工业出版社,2018.6
全国机械行业职业教育优质规划教材:高职高专
ISBN 978-7-111-61061-8

Ⅰ.①新… Ⅱ.①汪… ②刘… Ⅲ.①新能源 – 汽车 – 蓄电池 – 高等职业教育 – 教材 Ⅳ.① U469.703

中国版本图书馆 CIP 数据核字 (2018) 第 227578 号

机械工业出版社(北京市百万庄大街 22 号 邮政编码 100037)
策划编辑:蓝伙金 葛晓慧 责任编辑:葛晓慧
责任校对:肖 琳 封面设计:鞠 杨
责任印制:李 昂
河北鹏盛贤印刷有限公司印刷
2019 年 1 月第 1 版第 1 次印刷
184mm×260mm · 11.5 印张 · 284 千字
0 001—3 000 册
标准书号:ISBN 978-7-111-61061-8
定价:49.80 元

凡购本书,如有缺页、倒页、脱页,由本社发行部调换
电话服务　　　　　　　　　　　网络服务
服务咨询热线:010-88379833　　机工官网:www.cmpbook.com
读者购书热线:010-88379649　　机工官博:weibo.com/cmp1952
　　　　　　　　　　　　　　　　教育服务网:www.cmpedu.com
封面无防伪标均为盗版　　　　　金 书 网:www.golden-book.com

序

汽车产业是国民经济的重要支柱产业，在国民经济和社会发展中发挥着重要作用。随着我国经济持续快速发展和城镇化进程加速推进，今后一段时期汽车需求量仍将保持增长势头，由此带来的能源紧张和环境污染问题将更加突出。加快培育和发展节能汽车与新能源汽车，既是有效缓解能源和环境压力，推动汽车产业可持续发展的紧迫任务，也是加快汽车产业转型升级、培育新的经济增长点和国际竞争优势的战略举措。为加快培育和发展节能与新能源汽车产业，国务院于2012年6月28日印发了《节能与新能源汽车产业发展规划（2012—2020年）》。规划中明确了新能源汽车是指采用新型动力系统，完全或主要依靠新型能源驱动的汽车，主要包括纯电动汽车、插电式混合动力汽车及燃料电池汽车。其技术路线是以纯电驱动为新能源汽车发展和汽车工业转型的主要战略取向，当前重点推进纯电动汽车和插电式混合动力汽车产业化。规划目标：到2020年，纯电动汽车和插电式混合动力汽车生产能力达200万辆、累计产销量超过500万辆，燃料电池汽车、车用氢能源产业与国际同步发展。2017年我国新能源汽车产量为77.7万辆（其中乘用车为55万辆），同比增长53.3%，纯电动汽车46.8万辆，占82.1%。

近年来，众多高职院校相继开设了新能源汽车技术专业，2017年在教育部备案的院校数多达189所。为了更好地指导专业建设，全国机械职业教育教学指导委员会（以下简称机械行指委）将新能源汽车技术专业列入首批重点观测专业，开展专业标准建设工作。全国机械行业高职汽车类专业教学指导委员会（以下简称汽车专指委）于2017年1月15日在北京召开了新能源汽车技术专业标准建设专题工作会议，汽车专指委部分成员单位及企业近20名专家参加了会议，与会专家围绕新能源汽车技术专业课程体系、教学标准、教师标准、实训基地建设标准等进行了深入的研讨，并对新能源汽车技术专业核心课程教材开发达成了共识。

本套教材由《新能源汽车构造与原理》《新能源汽车使用与维护》《新能源汽车动力蓄电池技术》《新能源汽车驱动电机技术》《新能源汽车电控技术》及配套工作页等组成。本套教材理论与实践紧密结合，以任务为载体，构建职业能力主线，以完成任务为目标，系统地进行理论学习和技能训练，旨在培养学生的职业综合能力。希望本套教材的出版能够为丰富新能源汽车技术专业教学资源，提升专业人才培养质量发挥更大作用。

教材编写团队由长春汽车工业高等专科学校、北京电子科技职业学院、深圳职业技术学院、湖南工业职业技术学院、湖南汽车工程职业学院、武汉软件工程职业学院等院校具有丰富教学经验的专家和北京卓创至诚技术有限公司、长春通立汽车服务有限公司等企业工程技术人员共同组成。教材在开发过程中得到了中国第一汽车集团公司新能源汽车分公司、北京新能源汽车股份有限公司、浙江吉利控股集团有限公司等企业的大力支持，在此表示衷心的感谢！

全国机械职业教育高职汽车类专业教学指导委员会主任委员　李春明

前　言

随着社会经济的快速发展，今后较长一段时期，汽车需求量仍将保持较大增长势头，由此带来的能源紧张和环境污染问题将更加突出。大力发展新能源汽车，既是缓解能源和环境压力、推动汽车产业可持续发展的紧迫任务，也是加快汽车产业转型升级、培育新的经济增长点和国际竞争优势的战略举措。

行业产业的快速发展以及经济发展方式的快速转变对节能与新能源汽车技术职业教育的人才培养规模、质量、规格和结构都提出了更高的要求，对以培养高技能人才为己任的职业院校赋予了新的使命。这迫切需要加快建设新能源汽车技术现代职业教育体系，推动职业教育更好地承担起服务社会的职能，更好地满足经济社会全面发展的需求。

本书根据现代职业教育理实一体化课程体系标准，突出理论与实际的转化、课程与载体的融合，以客户委托为引领，以学习任务为基本的课程单元，在行动导向的学习活动中逐步提高学生运用专业知识和技能的能力，同时提高利用科学有效的工作方法和必要的措施分析问题、解决问题的综合职业能力，并注重情感、价值观和职业素养的养成。

本书共分三个学习任务，每个学习任务包含五个环节，且每个工作页的实施部分分别对应北汽EV200、比亚迪E6、吉利帝豪EV、奔腾EVB50等新能源汽车进行编写，并与《新能源汽车动力蓄电池技术》教材内容配套使用。每个学习任务都采用情境导入的方式编写，能够提高学生的学习兴趣。任务目标能让老师与学生明确学习任务中的知识与技能目标；任务准备能让学生理解学习任务的基本知识；任务实施能让学生学习原理知识之后，通过充分运用原理知识进行实际操作，并在实际操作中掌握工作规范要求；任务评价能检测学生对本任务知识与技能的了解程度。

本书由汪赵强、刘港担任主编，王慧怡、贾建波担任副主编，其他参加编写的还有张松泓、王志辉、丁徐强、蒋庆来、袁牧、吴少华、刘德华、顾吉仁。

本书依据《汽车职业教育云服务平台》和《新能源汽车动力蓄电池技术》编写，在编写过程中，广泛参考了国内外新能源汽车的最新研究成果，在此对相关研究人员表示衷心的感谢。

由于编者水平所限，加之时间仓促及实践经验不足，书中难免有不少缺点和错误，恳请广大读者批评指正。

编　者

目 录

序

前言

学习任务 1　更换动力蓄电池 ······ 1

1.1　任务描述 ······ 1

1.2　任务目标 ······ 1

1.3　任务准备 ······ 2

　1.3.1　电池的结构原理 ······ 2

　1.3.2　电池的性能测试 ······ 12

　1.3.3　单体蓄电池的充电 ······ 19

　1.3.4　单体蓄电池的放电 ······ 23

1.4　任务实施 ······ 27

　1.4.1　动力蓄电池的更换（BAIC EV200） ······ 27

　1.4.2　动力蓄电池的更换（BYD e6） ······ 32

　1.4.3　动力蓄电池的更换（吉利 帝豪 EV） ······ 37

　1.4.4　动力蓄电池的更换（奔腾 EVB50） ······ 42

1.5　任务评价 ······ 47

学习任务 2　检修蓄电池管理系统 ······ 50

2.1　任务描述 ······ 50

2.2　任务目标 ······ 50

2.3　任务准备 ······ 51

　2.3.1　蓄电池的组合方式 ······ 51

　2.3.2　蓄电池模块的充电 ······ 55

　2.3.3　蓄电池模块的放电 ······ 62

　2.3.4　蓄电池模块的监控 ······ 67

2.4　任务实施 ······ 79

　2.4.1　蓄电池系统故障诊断（BAIC EV200） ······ 79

　2.4.2　蓄电池系统故障诊断（BYD e6） ······ 84

　2.4.3　蓄电池系统故障诊断（吉利 帝豪 EV） ······ 90

　2.4.4　蓄电池系统故障诊断（奔腾 EVB50） ······ 97

2.5　任务评价 …………………………………………………………………… 103

学习任务3　检修充电系统 …………………………………………………… 106

3.1　任务描述 …………………………………………………………………… 106
3.2　任务目标 …………………………………………………………………… 106
3.3　任务准备 …………………………………………………………………… 107
　　3.3.1　电能补给方式 ……………………………………………………… 107
　　3.3.2　高压控制系统 ……………………………………………………… 111
　　3.3.3　直流充电系统 ……………………………………………………… 129
　　3.3.4　交流充电系统 ……………………………………………………… 139
3.4　任务实施 …………………………………………………………………… 150
　　3.4.1　充电系统故障诊断（BAIC EV200） ……………………………… 150
　　3.4.2　充电系统故障诊断 (BYD e6) ……………………………………… 157
　　3.4.3　充电系统故障诊断 (吉利 帝豪 EV) ……………………………… 163
　　3.4.4　充电系统故障诊断 (奔腾 EVB50) ………………………………… 170
3.5　任务评价 …………………………………………………………………… 177

学习任务 1
更换动力蓄电池

1.1 任务描述

我是一名出租车驾驶员,开的是一辆电动汽车,行驶 3 年多了。最近发现充满电后跑的里程比原来少了许多。同样是夏天,以前大概能跑 200km,现在只能跑 140km 左右,开始以为是偶发情况,但连续一周都是同样的状态,并且仪表板上也没有故障灯的提示。无奈之下,只好将电动车驶向服务站。

学员或具有电气维修资质的人员接受车间主管派发的任务委托书,在规定时间内以小组作业的形式,按照维修手册技术规范或相关标准诊断并排除故障,恢复车辆性能。完成作业项目自检合格后交付检验并移交服务顾问。工作过程严格执行高压作业安全规定和 6S(Seiri, Seiton, Seiketsu, Standard, Shitsuke, Safety;即整理,整顿,清洁,规范,素养,安全)规范,并能提出车辆使用中的安全措施和合理化建议。

1.2 任务目标

通过本次任务,要求学生能自主学习并运用专业知识与技能,有目的地按照维修手册技术要求,严格执行高压作业安全规定,合理使用工具仪器完成动力蓄电池的更换,并对工作结果进行有效评估,逐步培养学生基于知识与技能、过程与方法、情感态度和价值观等方面的综合职业能力。

- 能独立地解释或验证蓄电池的结构原理、性能参数和充放电特性。
- 能按照制造商的规定制订动力蓄电池更换计划且在协作中实验或验证。
- 能自主学习并且将获得的新知识、新技能运用于新的实践。
- 能严格执行电动汽车高压作业安全规定并具备能源和环境意识。

1.3 任务准备

课程名称	新能源汽车动力蓄电池技术	小组名称	
学习任务	1. 更换动力蓄电池	学生姓名	
学习内容	1.3.1 电池的结构原理	授课课时	4 课时

● 信息收集

1. 电的产生和电池的分类

1）写出电池的分类。

电池 {　　　　　　　

2）将下列正确的发电方式选项填入对应图片的括号中。

（　　）

（　　）

（　　）

A. 水力发电　　　　B. 风力发电　　　　C. 核能发电
D. 太阳能发电　　　E. 火力发电　　　　F. 地热发电

3）写出化学电池的分类。

化学电池 {

学习任务1　更换动力蓄电池

4）下列属于物理电池的是哪些？

☐一次电池　　　　　☐超级电容　　　　　☐酶电池
☐飞轮储能装置　　　☐微生物电池　　　　☐燃料电池
☐储备电池　　　　　☐生物太阳电池　　　☐二次电池

5）下列属于化学电池的是哪些？

☐一次电池　　　　　☐超级电容　　　　　☐酶电池
☐飞轮储能装置　　　☐微生物电池　　　　☐燃料电池
☐储备电池　　　　　☐生物太阳电池　　　☐二次电池

6）下列属于生物电池的是哪些？

☐一次电池　　　　　☐超级电容　　　　　☐酶电池
☐飞轮储能装置　　　☐微生物电池　　　　☐燃料电池
☐储备电池　　　　　☐生物太阳电池　　　☐二次电池

7）铅酸蓄电池的特点有哪些？

☐原料易得，价格相对低廉　　　　　☐使用寿命长
☐废旧蓄电池容易回收有利于保护环境　☐高倍率放电性能良好
☐适合于浮充电使用　　　　　　　　☐无记忆效应

2. 填写下列蓄电池的主要构成部件

1）铅酸蓄电池的结构组成。

3

2）镍氢蓄电池的结构组成。

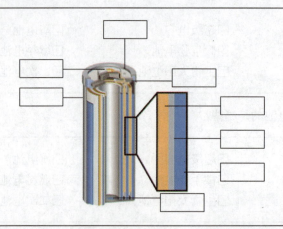

3）锂离子蓄电池的结构组成。

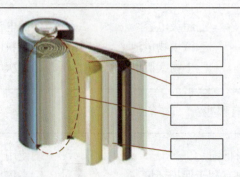

4）锂离子（圆形）蓄电池的结构组成。

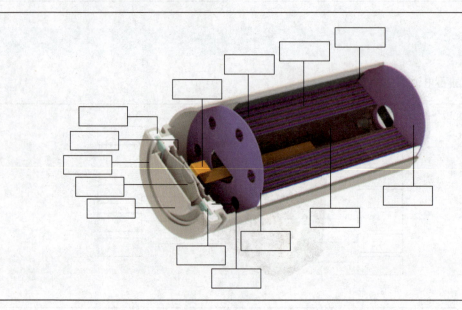

5）锂离子（方形）蓄电池的结构组成。

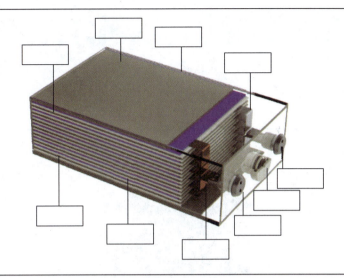

3. 电池的原理

根据左图所示实验在右侧填写属于哪种生物电池并填写反应原理。

	电池种类：_____ 反应原理：_____ _____ _____
	电池种类：_____ 反应原理：_____ _____ _____
	电池种类：_____ 反应原理：_____ _____ _____
	电池种类：_____ 反应原理：_____ _____ _____

新能源汽车动力蓄电池技术工作页

- 能力拓展

1. 风能发电

 要求

检测

风机低速转动	风机高速转动
● 观察现象 　LED 灯亮度：□不亮　□暗亮　□亮 ● 测量电压 　测量点（正 - 负）：＿＿V 　电压：□直流　□交流	● 观察现象 　LED 灯亮度：□不亮　□暗亮　□亮 ● 测量电压 　测量点（正 - 负）：＿＿V 　电压：□直流　□交流

 结论

- 风能发电机能将机械能转变为（□电能　□惯性能）。

- 风力越大风能发电机输出电压（□不变　□越低　□越高）。

2. 水果电池

 要求

检测

土豆电池

- 测量电压

  测量结果：____V

  电压：□直流　□交流

苹果电池

- 测量电压

  测量结果：____V

  电压：□直流　□交流

 结论

- 水果电池能将化学能转变为（□电能　□机械能）。

- 两种电池中电压高的为（□苹果电池　□土豆电池　□一样）。

- 若两种电池输出电压不一致，可能的原因是（□溶液酸性不同　□溶液碱性不同）。

新能源汽车动力蓄电池技术工作页

3. 太阳电池

 要求

 检测

弱光照射	强光照射
● 观察现象 LED 灯亮度：□不亮　□暗　□亮 ● 测量电压 测量结果：___V 电压：□直流　□交流	● 观察现象 LED 灯亮度：□不亮　□暗　□亮 ● 测量电压 测量结果：___V 电压：□直流　□交流

 结论

● 太阳电池是将太阳能转变为（□电能　□化学能）。

● 光照强度越大输出电压（□不变　□越低　□越高）。

8

4. 电极材料对原电池的影响

 要求

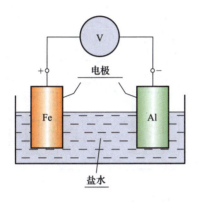 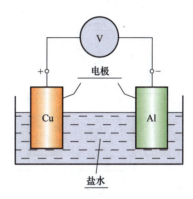

 检测

铁 - 铝

- 测量电压

  测量点（正 - 负）：____V

  电压：□直流　□交流

铜 - 铝

- 测量电压

  测量点（正 - 负）：____V

  电压：□直流　□交流

结论

- 原电池能将化学能转变为（□电能　□机械能）。

- 两种原电池中电压较高的为（□铁 - 铝电池　□铜 - 铝电池　□一样）。

- 上述实验输出电压不一致，可能的原因是（□铁与铜的金属活泼性不同　□溶液碱性不同）。

5. 电解质对原电池的影响

 要求

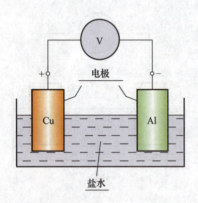
盐水

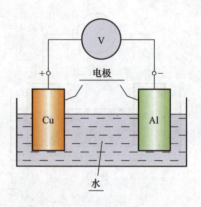
水

 检测

盐水溶液

- 测量电压

  测量点（正-负）：___V

  电压：☐直流 ☐交流

水溶液

- 测量电压

  测量点（正-负）：___V

  电压：☐直流 ☐交流

📋 结论

- 两种原电池中能产生电的为（☐盐水溶液电池 ☐水溶液电池 ☐都不能 ☐都可以）。

- 若两原电池输出电压不一致，可能的原因是（☐溶液离子浓度不同 ☐溶液酸性不同）。

这节课你有什么收获?

你还有哪些疑问?

记录老师提到的重点、难点以及自己认为的重要知识。

新能源汽车动力蓄电池技术工作页

课程名称	新能源汽车动力蓄电池技术	小组名称	
学习任务	1. 更换动力蓄电池	学生姓名	
学习内容	1.3.2 电池的性能测试	授课课时	4 课时

● 信息收集

1. 解释下列性能参数

1）电动势：组成电池的两个电极的平衡电极电位之（　　）。

□差　　　　　　　□和　　　　　　　□积

2）容量：电池在一定的放电条件下所能放出的（　　）。

□功率　　　　　　□电量　　　　　　□电荷

3）能量：电池在一定放电条件下所能释放出的电能，单位为（　　）。

□W·h　　　　　　□W　　　　　　　□W·h/kg

4）内阻：电流通过电池内部时受到（　　），使电池的工作电压（　　）。

□阻力，降低　　　□动力，升高

5）荷电状态：描述了电池的（　　）电量。

□使用　　　　　　□损耗　　　　　　□剩余

6）端电压：电池正极和负极之间电位之（　　）。

□差　　　　　　　□和　　　　　　　□积

7）负载电压：电池接上负载后处于（　　）状态下的电压。

□充电　　　　　　□放电

8）开路电压：电池在（　　）负载情况下的端电压。

□有　　　　　　　□无

2. 填写下面关系式

3. 在圆圈内填写加、减或乘、除符号使等式成立

U：端电压，U_0：开路电压，U_i：负载电压，R_i：内阻，I：电流

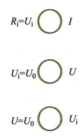

4. 填写下面关系式

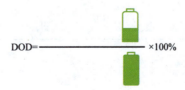

新能源汽车动力蓄电池技术工作页

- 能力拓展

1. 电池电压测量

 检测

铅酸电池模块	● 电池类型：_____ 额定电压：_____V 实测电压：_____V
镍氢电池（Ni-MH）	● 电池类型：_____ 额定电压：_____V 实测电压：_____V
锂电池模块（18650）	● 电池类型：_____ 额定电压：_____V 实测电压：_____V
锂聚合物电池模块	● 电池类型：_____ 额定电压：_____V 实测电压：_____V

 结论

- 外电路断开，在电池正负极两端测量所得的电压，称为（□负载电压　□开路电压）。

2. 测量开路电压与负载电压

 搭建

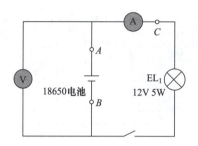 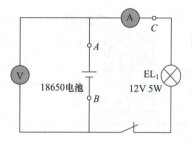

 检测

开关断开	开关闭合
● 测量开路电压 测量点 *A-B*：____V ● 测量开路电流 测量点 *C*：____A	● 测量负载电压 测量点 *A-B*：____V ● 测量负载电流 测量点 *C*：____A

结论

- 电池在（□开路状态　□工作状态）下的电压称为开路电压。

- 负载电压是电池接上负载后处于（□开路状态　□工作状态）下的电压。

- 开路电压（□大于　□等于　□小于）负载电压。

3. 电池内阻测量

搭建

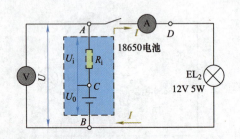
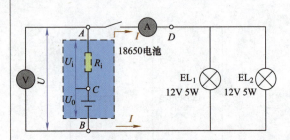

检测与计算

公式：$U = U_0 - U_i$ 转换为 $U_i = U_0 - U$ 内阻：$R_i = \dfrac{U_i}{I}$

电压源	开路电压	负载电压	电压损耗	电流 I	内部电阻 R_i
一个灯泡					
两个灯泡					

结论

- 一般情况下电路中负载电流越大，电池电压损耗（□越大　□越小　□不变）。
- 一般情况下电路中负载电流越大，电池内阻（□越大　□越小　□不变）。

学习任务 1　更换动力蓄电池

4. 参数计算

 计算

锂离子动力蓄电池	
额定电压 /V	332.15
额定容量 /A·h	91.5
质量 /kg	291
尺寸 /mm	1750×960×215
型号	BESK-F305-3P91S

根据给定条件计算：

（放电条件：1C）

- 能量：____ kW·h
- 功率：____ kW
- 能量密度：____ W·h/L
- 比能量：____ W·h/kg
- 比功率：____ W/kg

 计算公式

17

新能源汽车动力蓄电池技术工作页

这节课你有什么收获？

你还有哪些疑问？

记录老师提到的重点、难点以及自己认为的重要知识。

学习任务 1　更换动力蓄电池

课程名称	新能源汽车动力蓄电池技术	小组名称	
学习任务	1. 更换动力蓄电池	学生姓名	
学习内容	1.3.3 单体蓄电池的充电	授课课时	4 课时

● 信息收集

1. 单体蓄电池的充电方式

1）单体蓄电池的充电方式有哪些？

单体蓄电池的充电方式 $\begin{cases} \underline{\qquad} \\ \underline{\qquad} \\ \underline{\qquad} \\ \underline{\qquad} \end{cases}$

2）单体蓄电池的充电，是将（　　）转化成化学能的过程。

□电能　　□化学能　　□动能　　□机械能　　□生物能

3）在充电过程中，（　　）始终保持不变，称为恒定电压充电法，简称恒压充电法或等压充电法。

□充电电流　　　　□充电电压

4）在充电过程中，（　　）始终保持不变，称为恒定电流充电法，简称恒流充电法或等流充电法。

□充电电流　　　　□充电电压

5）脉冲充电方式首先是用（　　）对蓄电池充电，然后让蓄电池停充一段时间后再次充电，如此循环。

□充电电流　　　　□充电电压　　　　□脉冲电流

6）以（　　）的大小表示蓄电池充电速率。

□电流　　　　□电压

新能源汽车动力蓄电池技术工作页

2. 单体蓄电池的充电过程

1）充电蓄电池的额定容量为1000mA·h时，以1C充电，充电时间可持续（   ）h。

☐ 1   ☐ 2   ☐ 3

2）充电蓄电池的额定容量为1000mA·h时，以0.2C充电，充电时间可持续（   ）h。

☐ 3   ☐ 5   ☐ 8

3）填写充电曲线。

单体蓄电池的充电曲线 { _____
　　　　　　　　　　　　_____
　　　　　　　　　　　　_____

4）填写充电曲线名称。

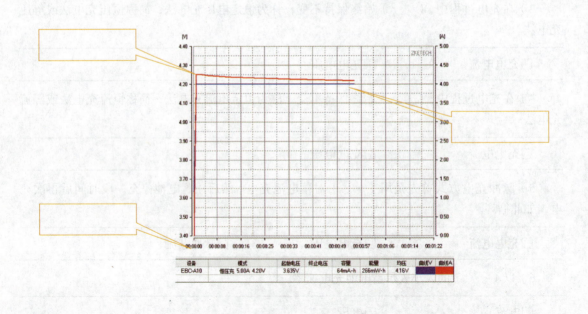

学习任务1 更换动力蓄电池

● **能力拓展**

单体蓄电池的充电

 搭建

- 实验：恒压充电模式
- 要求：

  充电电流：5A

  恒压电压：4.2V

  终止电流：0.3A

  电池初始电压：3.0V

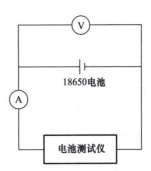

检测（画出充电电流与充电电压曲线）

时间/s	5	20	40	60	80	120	160	240
电压/V								
电流/A								

结论

- 在充电开始阶段采用（□恒压充电　□恒流充电）的充电方式。
- 当蓄电池电压达到一定值后再用（□恒压充电　□恒流充电）的充电方式。

新能源汽车动力蓄电池技术工作页

这节课你有什么收获？

你还有哪些疑问？

记录老师提到的重点、难点以及自己认为的重要知识。

学习任务 1　更换动力蓄电池

课程名称	新能源汽车动力蓄电池技术	小组名称	
学习任务	1.更换动力蓄电池	学生姓名	
学习内容	1.3.4 单体蓄电池的放电	授课课时	4 课时

● 信息收集

1）单体蓄电池的放电方式有哪些？
_____

单体蓄电池的放电方式 { _____
　　　　　　　　　　　　_____
　　　　　　　　　　　　_____

_____

2）单体蓄电池的放电，是将（　　）转化成电能的过程。

□电能　　□化学能　　□动能　　□机械能　　□生物能

3）将若干个灯泡并联起来作为负载，改变接入灯泡的数量，就可以得到不同的（　　）。

□放电电流　　　　　□放电电压

4）蓄电池放电电压达到一定值后，继续放电会造成过放电，通常根据（　　）来确定放电截止电压。

□接入的负载　　　　□放电电流

5）（　　）是以放电时间表示的放电速率，即以某电流放至规定终止电压所经历的时间。

□时率　　　　　　　□倍率

6）（　　）表示蓄电池放电电流相对额定容量的比率。

□时率　　　　　　　□倍率

7）影响放电特性的主要因素有哪些？

影响放电特性的主要因素 { _____ _____ _____ }

8）一组额定容量为100A·h的蓄电池以0.1C放电速率放电，则表示该组蓄电池的放电电流为（　　）。

☐ 10A　　　　　　　　　☐ 20A

9）一组额定容量为100A·h的蓄电池以0.2C放电速率放电，则表示该组蓄电池的放电电流为（　　）。

☐ 10A　　　　　　　　　☐ 20A

10）一组蓄电池额定容量为C_{20}=12A·h，则表示该蓄电池以（　　）的电流放电，可连续放20 h。

☐ 0.6A　　　　　　　　☐ 0.3A

11）自放电。

自放电原因 { _____ _____ _____ _____ }

学习任务1　更换动力蓄电池

● 能力拓展

恒功率放电测量

 搭建

- 实验：恒功率放电
- 要求：

    电池初始电压：3.7V

    设定功率：12W

    终止电压：2.8V

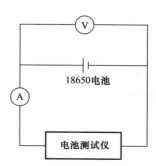

检测（画出放电电流与放电电压曲线）

时间/s	2	20	60	120
电压/V				
电流/A				

结论

- 当单体蓄电池放电电压低于终止电压时，单体蓄电池应（□终止放电　□继续放电）。

25

这节课你有什么收获?

你还有哪些疑问?

记录老师提到的重点、难点以及自己认为的重要知识。

学习任务1 更换动力蓄电池

1.4 任务实施

课程名称	新能源汽车动力蓄电池技术	小组名称	
学习任务	1. 更换动力蓄电池	学生姓名	
学习内容	1.4.1 动力蓄电池的更换（BAIC EV200）	授课课时	8课时

● 信息收集

填写蓄电池管理系统的主要构成部件

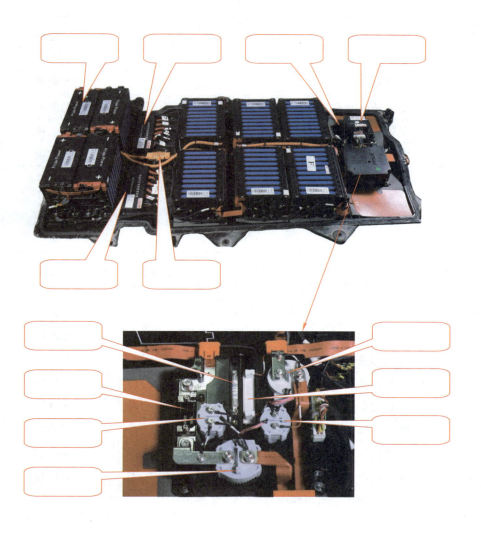

新能源汽车动力蓄电池技术工作页

● 能力拓展

1. 登记车辆信息

品牌/车型		工作电压	
车辆识别码		制造年月	

2. 安装车辆防护用品

序号	防护用品	安装情况		
1	安装翼子板布	□是	□否	□无此项
2	安装前格栅布	□是	□否	□无此项
3	安装座椅套	□是	□否	□无此项
4	安装脚垫	□是	□否	□无此项
5	安装转向盘套	□是	□否	□无此项
6	安装变速杆套	□是	□否	□无此项
7	安装车轮挡块	□是	□否	□无此项

3. 执行高压作业安全规定

序号	作业流程	执行情况		
1	将变速杆置于P位	□是	□否	□无此项
2	拉起/放下驻车制动器	□是	□否	□无此项
3	关闭点火开关	□是	□否	□无此项
4	将钥匙妥善保存	□是	□否	□无此项
5	断开辅助蓄电池负极	□是	□否	□无此项
6	检查安全防护装备	□是	□否	□无此项
7	断开维修开关	□是	□否	□无此项
8	放置高压作业维修标识	□是	□否	□无此项
9	使用放电仪放电	□是	□否	□无此项
10	使用万用表测量系统电压	实测电压 _____ V		

4. 拆卸动力蓄电池

1) _____

2) _____

3) _____

4) _____

5) _____

6) _____

7) _____

8) _____

9) _____

5. 检查

外观检查		
序号	检查项目	检查结果
1	备件型号：	□正常　　□异常
2	备件外观检查	□正常　　□异常
3	插接件外观检查	□正常　　□异常

6. 安装动力蓄电池

1) _____

2) _____

3) _____

7. 查询标准并检验

螺栓拧紧力矩检查		
序号	检查项目	力矩 N·m
1	动力蓄电池与车身螺栓拧紧力矩	

外观检查		
序号	检查项目	检查结果
1	插接件连接情况	□正常 □异常
2	部件外观损伤情况	□正常 □异常
3	相应的卡口卡紧情况	□正常 □异常
4	蓄电池负极连接情况	□正常 □异常

仪表检查		
1	蓄电池故障指示灯	□正常 □异常
2	动力蓄电池故障指示灯	□正常 □异常
3	动力蓄电池断开指示灯	□正常 □异常
4	系统故障灯	□正常 □异常
5	READY 指示灯	□正常 □异常

查询故障码		
序号	故障码	□有　　□无 / 定义
1		
2		

这节课你有什么收获?

你还有哪些疑问?

记录老师提到的重点、难点以及自己认为的重要知识。

新能源汽车动力蓄电池技术工作页

课程名称	新能源汽车动力蓄电池技术	小组名称	
学习任务	1. 更换动力蓄电池	学生姓名	
学习内容	1.4.2 动力蓄电池的更换（BYD e6）	授课课时	4 课时

● 信息收集

1. 动力蓄电池接口名称

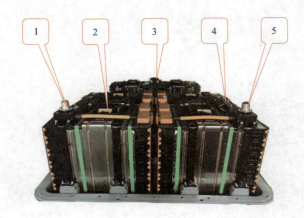

序号	接口名称
1	
2	
3	
4	
5	

2. 动力蓄电池插接件定义

学习任务1　更换动力蓄电池

插接件名称	端子号	端子定义
动力蓄电池接线柱	180/4	
	90/A	

3. 绝缘电阻测量

测量对象	端子号	测量条件	标准值	实测值
动力蓄电池接线柱	180/4	与车身壳体	≥1000MΩ	
	90/A	与车身壳体	≥1000MΩ	

● **能力拓展**

1. 登记车辆信息

品牌/车型		工作电压	
车辆识别码		制造年月	

2. 安装车辆防护用品

序号	防护用品	安装情况		
1	安装翼子板布	□是	□否	□无此项
2	安装前格栅布	□是	□否	□无此项
3	安装座椅套	□是	□否	□无此项
4	安装脚垫	□是	□否	□无此项
5	安装转向盘套	□是	□否	□无此项
6	安装变速杆套	□是	□否	□无此项
7	安装车轮挡块	□是	□否	□无此项

33

新能源汽车动力蓄电池技术工作页

3. 执行高压作业安全规定

序号	作业流程	执行情况		
1	将变速杆置于 P 位	□是	□否	□无此项
2	拉起 / 放下驻车制动器	□是	□否	□无此项
3	关闭点火开关	□是	□否	□无此项
4	将钥匙妥善保存	□是	□否	□无此项
5	断开辅助蓄电池负极	□是	□否	□无此项
6	检查安全防护装备	□是	□否	□无此项
7	断开维修开关	□是	□否	□无此项
8	放置高压作业维修标识	□是	□否	□无此项
9	使用放电仪放电	□是	□否	□无此项
10	使用万用表测量系统电压	实测电压 _____ V		

4. 拆卸动力蓄电池

1）_____

2）_____

3）_____

4）_____

5）_____

6）_____

7）_____

8）_____

9）_____

5. 检查

外观检查		
序号	检查项目	检查结果
1	备件型号：	□正常 □异常
2	备件外观检查	□正常 □异常
3	插接件外观检查	□正常 □异常

34

6. 安装动力蓄电池

1) _____

2) _____

3) _____

7. 查询标准并检验

	螺栓拧紧力矩检查	
序号	检查项目	力矩 N·m
1	动力蓄电池与车身螺栓拧紧力矩	

	外观检查	
序号	检查项目	检查结果
1	插接件连接情况	□正常 □异常
2	部件外观损伤情况	□正常 □异常
3	相应的卡口卡紧情况	□正常 □异常
4	蓄电池负极连接情况	□正常 □异常

	仪表检查	
1	蓄电池故障指示灯	□正常 □异常
2	动力蓄电池故障指示灯	□正常 □异常
3	动力蓄电池断开指示灯	□正常 □异常
4	系统故障灯	□正常 □异常
5	READY 指示灯	□正常 □异常

	查询故障码	
序号	故障码	□有　　　□无
		定义
1		
2		

新能源汽车动力蓄电池技术工作页

这节课你有什么收获?

你还有哪些疑问?

记录老师提到的重点、难点以及自己认为的重要知识。

学习任务 1　更换动力蓄电池

课程名称	新能源汽车动力蓄电池技术	小组名称	
学习任务	1. 更换动力蓄电池	学生姓名	
学习内容	1.4.3 动力蓄电池的更换（吉利 帝豪EV）	授课课时	4 课时

● 信息收集

1. 动力蓄电池接口名称

序号	接口名称
1	
2	
3	
4	
5	

2. 动力蓄电池插接件定义

37

新能源汽车动力蓄电池技术工作页

插接件	插接件名称	端子号	端子定义
	动力蓄电池线束插接器	EP41/1	
		EP41/2	
	动力蓄电池线束插接器（直流充电）	EP33/1	
		EP33/2	

3. 绝缘电阻测量

测量对象	端子号	测量条件	标准值/MΩ	实测值
动力蓄电池线束插接器	EP41/1	与分线盒壳体	≥20	
	EP41/2	与分线盒壳体	≥20	
动力蓄电池线束插接器（直流充电）	EP33/1	与分线盒壳体	≥20	
	EP33/2	与分线盒壳体	≥20	

● 能力拓展

1. 登记车辆信息

品牌/车型		工作电压	
车辆识别码		制造年月	

2. 安装车辆防护用品

序号	防护用品	安装情况		
1	安装翼子板布	□是	□否	□无此项
2	安装前格栅布	□是	□否	□无此项
3	安装座椅套	□是	□否	□无此项
4	安装脚垫	□是	□否	□无此项
5	安装转向盘套	□是	□否	□无此项
6	安装变速杆套	□是	□否	□无此项
7	安装车轮挡块	□是	□否	□无此项

3. 执行高压作业安全规定

序号	作业流程	执行情况		
1	将变速杆置于 P 位	□是	□否	□无此项
2	拉起 / 放下驻车制动器	□是	□否	□无此项
3	关闭点火开关	□是	□否	□无此项
4	将钥匙妥善保存	□是	□否	□无此项
5	断开辅助蓄电池负极	□是	□否	□无此项
6	检查安全防护装备	□是	□否	□无此项
7	断开维修开关	□是	□否	□无此项
8	放置高压作业维修标识	□是	□否	□无此项
9	使用放电仪放电	□是	□否	□无此项
10	使用万用表测量系统电压	实测电压 _____ V		

4. 拆卸动力蓄电池

1) _____

2) _____

3) _____

4) _____

5) _____

6) _____

7) _____

8) _____

9) _____

5. 检查

外观检查		
序号	检查项目	检查结果
1	备件型号：	□正常　□异常
2	备件外观检查	□正常　□异常
3	插接件外观检查	□正常　□异常

6. 安装动力蓄电池

1) _____

2) _____

3) _____

7. 查询标准并检验

螺栓拧紧力矩检查		
序号	检查项目	力矩 N·m
1	动力蓄电池与车身螺栓拧紧力矩	

外观检查		
序号	检查项目	检查结果
1	插接件连接情况	□正常 □异常
2	部件外观损伤情况	□正常 □异常
3	相应的卡口卡紧情况	□正常 □异常
4	蓄电池负极连接情况	□正常 □异常

仪表检查		
序号	检查项目	检查结果
1	蓄电池故障指示灯	□正常 □异常
2	动力蓄电池故障指示灯	□正常 □异常
3	动力蓄电池断开指示灯	□正常 □异常
4	系统故障灯	□正常 □异常
5	READY 指示灯	□正常 □异常

查询故障码		
序号	故障码	□有　　　□无
		定义
1		
2		

学习任务1　更换动力蓄电池

这节课你有什么收获？

你还有哪些疑问？

记录老师提到的重点、难点以及自己认为的重要知识。

新能源汽车动力蓄电池技术工作页

课程名称	新能源汽车动力蓄电池技术	小组名称	
学习任务	1. 更换动力蓄电池	学生姓名	
学习内容	1.4.4 动力蓄电池的更换（奔腾 EVB50）	授课课时	4 课时

● 信息收集

1. 动力蓄电池接口名称

序号	接口名称
1	
2	
3	

2. 动力蓄电池插接件定义

插接件名称	端子号	端子定义
直流充电插接件	2	
	3	

3. 绝缘电阻测量

测量对象	端子号	测量条件	标准值 /MΩ	实测值
低压线束插接器	1	环境温度为 23℃ ±2℃，相对湿度为 80%~90%，测试电压为：1000V	≥ 1000	
直流充电插接件负极	2		≥ 1000	
直流充电插接件正极	3		≥ 1000	

学习任务 1　更换动力蓄电池

● 能力拓展

1. 登记车辆信息

品牌/车型		工作电压	
车辆识别码		制造年月	

2. 安装车辆防护用品

序号	防护用品	安装情况		
1	安装翼子板布	□是	□否	□无此项
2	安装前格栅布	□是	□否	□无此项
3	安装座椅套	□是	□否	□无此项
4	安装脚垫	□是	□否	□无此项
5	安装转向盘套	□是	□否	□无此项
6	安装变速杆套	□是	□否	□无此项
7	安装车轮挡块	□是	□否	□无此项

3. 执行高压作业安全规定

序号	作业流程	执行情况		
1	将变速杆置于 P 位	□是	□否	□无此项
2	拉起/放下驻车制动器	□是	□否	□无此项
3	关闭点火开关	□是	□否	□无此项
4	将钥匙妥善保存	□是	□否	□无此项
5	断开辅助蓄电池负极	□是	□否	□无此项
6	检查安全防护装备	□是	□否	□无此项
7	断开维修开关	□是	□否	□无此项
8	放置高压作业维修标识	□是	□否	□无此项
9	使用放电仪放电	□是	□否	□无此项
10	使用万用表测量系统电压	实测电压 _____ V		

4. 拆卸动力蓄电池

1) _____

2) _____

3) _____

4) _____

5) _____

6) _____

7) _____

8) _____

9) _____

10) _____

5. 检查

外观检查		
序号	检查项目	检查结果
1	备件型号：	□正常　□异常
2	备件外观检查	□正常　□异常
3	插接件外观检查	□正常　□异常

6. 安装动力蓄电池

1) _____

2) _____

3) _____

7. 查询标准并检验

	螺栓拧紧力矩检查	
序号	检查项目	力矩 N·m
1	动力蓄电池与车身螺栓拧紧力矩	

	安装前的检查		
序号	检查项目	检查结果	
1	插接件连接情况	□正常	□异常
2	部件外观损伤情况	□正常	□异常
3	相应的卡口卡紧情况	□正常	□异常
4	蓄电池负极连接情况	□正常	□异常

	仪表检查		
1	蓄电池故障指示灯	□正常	□异常
2	动力蓄电池故障指示灯	□正常	□异常
3	动力蓄电池断开指示灯	□正常	□异常
4	系统故障灯	□正常	□异常
5	READY 指示灯	□正常	□异常

	查询故障码	
序号	故障码	□有　　□无
		定义
1		
2		

这节课你有什么收获?

你还有哪些疑问?

记录老师提到的重点、难点以及自己认为的重要知识。

1.5 任务评价

1. 化学电池是将（　　）的装置。

   A. 光能转化为电能　　　　　　B. 风能转化为电能
   C. 机械能转化为电能　　　　　D. 化学能转化为电能

2. 铅酸蓄电池的电化学反应原理是充电时将（　　），放电时将（　　）。

   A. 电能转化为化学能　　　　　B. 风能转化为电能
   C. 机械能转化为电能　　　　　D. 化学能转化为电能

3. 土豆能制成简单的电池，这种电池属于（　　）。

   A. 化学电池　　　　　　　　　B. 物理电池
   C. 生物电池　　　　　　　　　D. 太阳电池

4. 下列电池中哪个属于物理电池？（　　）

   A. 铅酸蓄电池　　　　　　　　B. 锂离子蓄电池
   C. 飞轮储能装置　　　　　　　D. 镍氢蓄电池

5. 下列选项中哪个是镍氢蓄电池的主要组成部分？（　　）

   A. 电解质　　　　　　　　　　B. 电阻
   C. 锂离子　　　　　　　　　　D. 电容

6. 短路测试中，用导线连接蓄电池的正负两极，电阻为（　　）。

   A. 小于 $100m\Omega$　　　　　B. 大于 $100m\Omega$
   C. 等于 $100m\Omega$　　　　　D. 不小于 $100m\Omega$

7. 蓄电池的电动势又称为（　　）。

   A. 标准电压　　　　　　　　　B. 工作电压
   C. 理论电压　　　　　　　　　D. 开路电压

8. 下列选项中哪个是蓄电池的容量电位（　　）。

   A. A　　　　　　　　　　　　　B. $A \cdot h$
   C. $mA \cdot h$　　　　　　　　D. E

9. 根据工程经验、实际案例、法规标准，后果最为严重的事故是（　　）。

A. 电击　　　　　　　　　　B. 燃烧
C. 碰撞　　　　　　　　　　D. 爆炸

10. 下列哪个是蓄电池的安全性测试项目？（　　）

A. 短路　　　　　　　　　　B. 针刺
C. 撞击　　　　　　　　　　D. 挤压

11. 在充电过程中，充电电压始终（　　）的称为恒电压充电法，简称恒压充电法或等压充电法。

A. 保持不变　　　　　　　　B. 升高
C. 降低　　　　　　　　　　D. 不确定

12. 锂离子蓄电池单体的额定电压为 3.6V，充电限制电压为 4.2V，放电限制电压为（　　）。

A. 3.6V　　　　　　　　　　B. 4.2V
C. 12V　　　　　　　　　　 D. 2.5V

13. 在充电过程中充电电流始终保持不变的称为（　　）。

A. 恒压充电　　　　　　　　B. 恒流充电
C. 恒压 - 恒流充电　　　　　D. 脉冲充电

14. 在充电过程中，充电电压始终保持不变的称为（　　）。

A. 恒压充电　　　　　　　　B. 恒流充电
C. 恒压 - 恒流充电　　　　　D. 脉冲充电

15. 蓄电池在充满电后，空载状态下放电至截止电压时，所能释放出的电能量称为（　　）。

A. 额定容量　　　　　　　　B. 放电深度
C. 放电速率　　　　　　　　D. 标称容量

16. 影响蓄电池充放电的因素包括（　　）。

A. 充电电流　　　　　　　　B. 放电深度
C. 充电温度　　　　　　　　D. 充电湿度

17. 锂离子蓄电池闲置时，实际也有放电现象，这种现象称为（　　）。

  A. 负载放电　　　　　　　　　　B. 用电解液放电
  C. 自放电　　　　　　　　　　　　D. 过度放电

18. 功率型蓄电池允许放电电流为（　　）。

  A. 正常放电工作电流 0.5C，最大放电电流 1C
  B. 正常放电工作电流为 1C，最大放电电流 2C
  C. 正常放电工作电流为 2C，最大放电电流 15C～20C
  D. 正常放电工作电流为 5C，最大放电电流 25C

19. 构成动力蓄电池模块的最小单元，一般由（　　）等构成，可实现电能与化学能之间直接转换。

  A. 正极　　　　　　　　　　　　　B. 负极
  C. 电解质　　　　　　　　　　　　D. 外壳

20. 北汽 EV160 采用磷酸铁锂蓄电池。它是由（　　）块单体蓄电池组成。

  A. 90　　　　　　　　　　　　　　B. 80
  C. 100　　　　　　　　　　　　　 D. 110

学习任务 2
检修蓄电池管理系统

2.1 任务描述

下班后，小王开着电动汽车去学校接女儿放学，学校门前为减速慢行路段，安装有许多减速带，就当车辆行驶到距离学校不足 50m 的地方时，只听得某个部位"咔嗒"响了一声，车子就"趴窝"了，仪表板上也亮起了几个灯。小王把点火开关关了又重启，车子还是无法起步。无奈只好打电话给服务站，一会儿平板车来了把可怜的"小 E"拖去了"医院"。

学员或具有电气维修资质的人员接受车间主管派发的任务委托书，在规定时间内以小组作业的形式，按照维修手册技术规范或相关标准诊断并排除故障，恢复车辆性能。完成作业项目自检合格后交付检验并移交服务顾问。工作过程严格执行高压作业安全规定和 6S（Seiri, Seiton, Seiketsu, Standard, Shitsuke, Safety；即整理，整顿，清洁，规范，素养，安全）规范，并能提出车辆使用中的安全措施和合理化建议。

2.2 任务目标

通过本次任务，要求学生能自主学习并运用专业知识与技能，有目的地按照维修手册技术要求，严格执行高压作业安全规定，合理使用工具仪器完成电池管理系统的检修工作，并对工作结果进行有效评估，逐步培养学生基于知识与技能、过程与方法、情感态度和价值观等方面的综合职业能力。

- 能独立解释蓄电池 PACK 及验证蓄电池模块充放电和 BMS。
- 能按照维修手册制订工作计划，诊断和排除蓄电池管理系统故障。
- 能自主学习并且将获得的新知识、新技能运用于新的实践。
- 能严格执行电动汽车高压作业安全规定并具备能源和环境意识。

学习任务 2　检修蓄电池管理系统

2.3　任务准备

课程名称	新能源汽车动力蓄电池技术	小组名称	
学习任务	2. 检修蓄电池管理系统	学生姓名	
学习内容	2.3.1 蓄电池的组合方式	授课课时	4 课时

● **信息收集**

1. 电池的组合方式

1）写出蓄电池的组合方式。

蓄电池的组合方式 {　　　　　　　　

2）下列关于单体蓄电池串并联描述正确的是哪些？

☐ 单体蓄电池的串联组合可获得更高的工作电压，并联组合可提高电源的容量。
☐ 单体蓄电池的串联方式通常用于满足低电压的工作需求。
☐ 单体蓄电池的并联方式通常用于满足大电流的工作需要。
☐ 单体蓄电池的混联方式既提供高电压又提供大电流放电的工作条件。

2. 写出下列单体蓄电池的连接方式

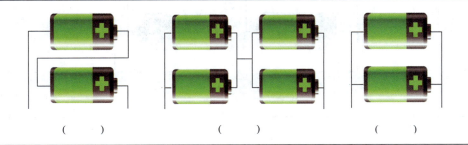

（　　）　　　　（　　）　　　　（　　）

3. 计算下列蓄电池组合方式的总电压

1)串联总电压。

$U_{总}=$

2)并联总电压。

$U_{总}=$

3)混联总电压。

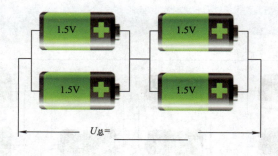

$U_{总}=$

学习任务2　检修蓄电池管理系统

● 能力拓展

蓄电池容量测试。

 搭建

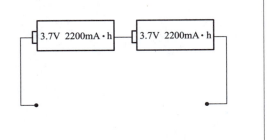 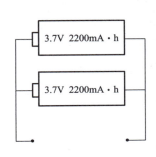

 计算

- 计算总电压：____V
- 计算总容量：____mA·h

- 计算总电压：____V
- 计算总容量：____mA·h

结论

- 单体蓄电池串联能增大蓄电池组的（□容量　□电压），不能增大蓄电池组的（□容量　□电压）。
- 单体蓄电池并联能增大蓄电池组的（□容量　□电压），不能增大蓄电池组的（□容量　□电压）。

53

新能源汽车动力蓄电池技术工作页

这节课你有什么收获？

你还有哪些疑问？

记录老师提到的重点、难点以及自己认为的重要知识。

学习任务2 检修蓄电池管理系统

课程名称	新能源汽车动力蓄电池技术	小组名称	
学习任务	2.检修蓄电池管理系统	学生姓名	
学习内容	2.3.2 蓄电池模块的充电	授课课时	4课时

● 信息收集

1. 蓄电池组的充电

1）充电时蓄电池的不一致性。

2）制造过程中和装车使用时蓄电池不一致的原因。

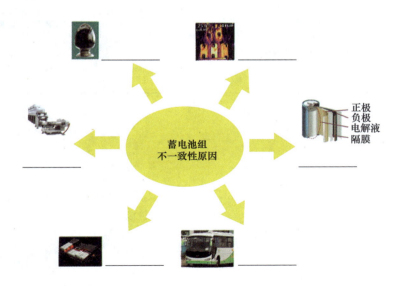

55

新能源汽车动力蓄电池技术工作页

2. 充电的蓄电池的不一致

1）蓄电池容量的不一致性。

___

在充电过程中，小容量蓄电池将提前充满，为使蓄电池组中其他蓄电池充满，小容量蓄电池必将（□过充 □过放）电，充电后期充电电压偏高，甚至超出蓄电池电压最高限，形成安全隐患，影响整个蓄电池组的充电过程。

___

2）蓄电池内阻不一致性。

___

串联蓄电池组在充电过程中，由于内阻不同，分配到串联组每个蓄电池的充电电压不同，将使蓄电池充电电压（□一致 □不一致）。

并联蓄电池组在充电过程中，由于内阻（□不同 □相同），分配到并联组的充电电流不同，所以相同时间内充电容量不同，即蓄电池的充电速度不同，从而影响整个充电过程。

___

3. 蓄电池组的充电方法

蓄电池组的充电均衡方法有哪些？

___

蓄电池组的充电均衡方法 {
　　_____
　　_____
　　_____
}

● 能力拓展

1. 蓄电池模块的充电（并联）

 搭建

● 要求：
1号、2号电池电压：相等
运行模式：恒压充电
电池初始电压：3.0V
设定电流：5A
终止电流：0.3A

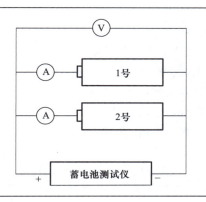

检测（画出充电电流与充电电压曲线）

时间/min	2	3	4	5	7
1号电压					
2号电压					
总电压					

结论

● 并联蓄电池组中单体蓄电池间电压差较小，充电结束后蓄电池之间的电压（□不相等　□相等）。

● 并联蓄电池组中单体蓄电池间电压差较小，充电结束后两蓄电池电压（□是　□否）有差异性。

2. 蓄电池模块的充电（串联）

搭建

- 要求：
  1号、2号蓄电池电压：相等
  运行模式：恒压充电
  蓄电池初始电压：3.0V
  设定电流：5A
  终止电流：0.3A

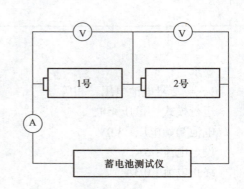

检测（画出充电电流与充电电压曲线）

时间/min	2	3	4	5	7
1号电压					
2号电压					
总电压					

结论

- 串联蓄电池组中单体蓄电池间电压差较小，充电结束后蓄电池之间的电压（□不相等 □相等）。
- 串联蓄电池组中单体蓄电池间电压差较小，充电结束后两蓄电池电压（□是 □否）有差异性。

3. 蓄电池模块的充电（并联有电压差）

 搭建

- 要求：
  1号、3号蓄电池电压：有差异
  运行模式：恒压充电
  1号蓄电池电压：3.0V
  3号蓄电池电压：2.8V
  设定电流：5A
  终止电流：0.3A

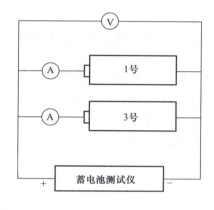

 检测（画出充电电流与充电电压曲线）

时间/min	2	3	4	5	7
1号电压					
2号电压					
总电压					

结论

- 并联蓄电池组中单体蓄电池间电压差较大，充电结束后蓄电池之间的电压（□不相等 □相等）。
- 并联蓄电池组中单体蓄电池间电压差较大，充电结束后两蓄电池电压（□是 □否）有差异性。

新能源汽车动力蓄电池技术工作页

4. 蓄电池模块的充电（串联有电压差）

搭建

- 要求：
  1号、3号蓄电池电压：有差异
  运行模式：恒压充电
  1号蓄电池电压：3.0V
  3号蓄电池电压：2.8V
  设定电流：5A
  终止电流：0.3A

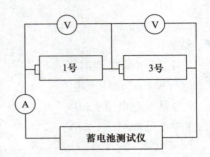

检测（画出充电电流与充电电压曲线）

时间/min	2	3	4	5	7
1号电压					
3号电压					
总电压					

结论

- 串联蓄电池组中单体蓄电池间电压差较大，充电结束后蓄电池之间的电压（□不相等 □相等）。
- 串联蓄电池组中单体蓄电池间电压差较大，充电结束后两蓄电池电压（□是 □否）有差异性。

60

学习任务 2　检修蓄电池管理系统

这节课你有什么收获？

你还有哪些疑问？

记录老师提到的重点、难点以及自己认为的重要知识。

新能源汽车动力蓄电池技术工作页

课程名称	新能源汽车动力蓄电池技术	小组名称	
学习任务	2.检修蓄电池管理系统	学生姓名	
学习内容	2.3.3 蓄电池模块的放电	授课课时	4课时

● 信息收集

1. 放电蓄电池组不一致性

1）放电时的不一致性。

放电时不一致性主要有 {　　　　　　　　　　
　　　　　　　　　　
　　　　　　　　　　
　　　　　　　　　　

2）蓄电池容量的不一致性。

● 电动汽车行驶距离相同时，蓄电池容量不同，其放电深度也（□不同　□相同）。
● 同一种蓄电池都有相同的最佳放电率，容量不同，最佳放电电流就（□不同　□相同）。

3）蓄电池内阻不一致性。

● 在放电过程中，串联蓄电池组中电流（□不同　□相同），内阻大的蓄电池，电压降大，产生大量热量，温度越高，内阻（□越大　□越小），能量损失越大。
● 在放电过程中，各并联蓄电池组电压（□不同　□相同），内阻大的蓄电池，电流小。内阻小的蓄电池，电流大。

4）蓄电池自放电的不一致性。

● 自放电的一致性的影响主要表现在，随着蓄电池组不与外电路连接的时间（□增大　□减小），自放电大的蓄电池容量损失大，电压降变大，增大了蓄电池组中蓄电池的不一致性。

2. 蓄电池组的放电

1）恒流放电。

为了检测蓄电池的容量，一般采用（□恒压放电　□恒流放电）方式放电，蓄电池的放电容量随着放电电流的增大而逐渐（□增大　□减小）。

2）蓄电池放电方法。

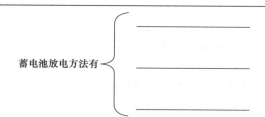

蓄电池放电方法有 {

3. 蓄电池组的放电均衡方法

大容量蓄电池组的放电均衡方法 {

● 能力拓展

1. 蓄电池模块的恒功率放电（串联）

 搭建

- 要求：

  1号、2号蓄电池电压：相等
  运行模式：恒功率放电
  蓄电池初始电压：3.5V
  设定功率：12W
  终止电压：2.8V

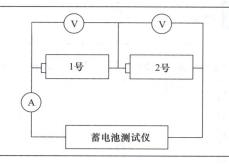

 检测

时间	2s	30s	1min	3min	5min
1号电压					
2号电压					
总电压					

新能源汽车动力蓄电池技术工作页

结论

● 串联蓄电池组中单体蓄电池间电压差较小，放电结束后蓄电池之间的电压（□不相等 □相等）。

● 串联蓄电池组中单体蓄电池间电压差较小，放电结束后两蓄电池电压（□是 □否）有差异性。

2. 蓄电池模块的恒功率放电（并联）

搭建

● 要求：
1号、2号蓄电池电压：相等
运行模式：恒功率放电
蓄电池初始电压：3.5V
设定功率：12W
终止电压：2.8V

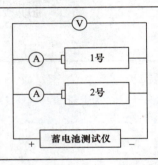

检测

时间	2s	15s	17s	1min	3min	5min
1号电压						
2号电压						
总电压						

结论

● 并联蓄电池组中单体蓄电池间电压差较小，放电结束后蓄电池之间的电压（□不相等 □相等）。

● 并联蓄电池组中单体蓄电池间电压差较小，放电结束后两蓄电池电压（□是 □否）有差异性。

3. 蓄电池模块的恒功率放电（串联有电压差）

搭建

- 要求：

  1号、2号蓄电池电压：有差异
  运行模式：恒功率放电
  1号蓄电池电压：3.6V
  3号蓄电池电压：3.8V
  设定功率：12W
  终止电压：2.8V

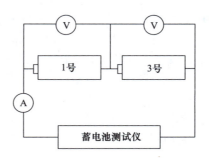

检测

时间	2s	30s	1min	3min	5min
1号电压					
3号电压					
总电压					

结论

- 串联蓄电池组中单体蓄电池间电压差较大，放电结束后蓄电池之间的电压（□不相等 □相等）。
- 串联蓄电池组中单体蓄电池间电压差较大，放电结束后两蓄电池电压（□是 □否）有差异性。

4. 蓄电池模块的恒功率放电（并联有电压差）

搭建

- 要求：
  1号、3号蓄电池电压：有差异
  运行模式：恒功率放电
  1号蓄电池电压：3.6V
  3号蓄电池电压：3.8V
  设定功率：12W
  终止电压：2.8V

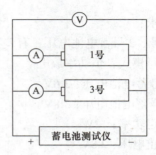

检测

时间	2s	15s	30s	2min	3min	5min
1号电流						
3号电流						
总电压						

结论

- 并联蓄电池组中单体蓄电池间电压差较大，放电结束后蓄电池之间的电压（□不相等 □相等）。
- 并联蓄电池组中单体蓄电池间电压差较大，放电结束后两蓄电池电压（□是 □否）有差异性。

学习任务 2　检修蓄电池管理系统

课程名称	新能源汽车动力蓄电池技术	小组名称	
学习任务	2. 检修蓄电池管理系统	学生姓名	
学习内容	2.3.4 蓄电池模块的监控	授课课时	4课时

● 信息收集

1. 蓄电池管理系统结构

1）各部件结构名称。

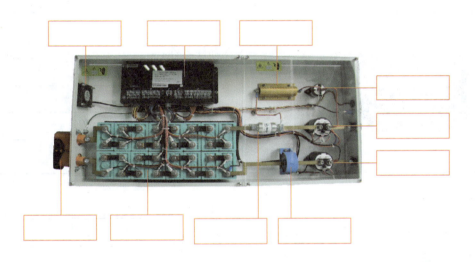

2）蓄电池组合方式。

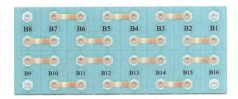

蓄电池的组合方式：

_____

67

新能源汽车动力蓄电池技术工作页

2. 蓄电池管理系统部件认知

在部件图示右侧填写部件名称及作用。

部件名称：_____

作用：_____

_____

_____

部件名称：_____

作用：_____

_____

_____

部件名称：_____

作用：_____

_____

_____

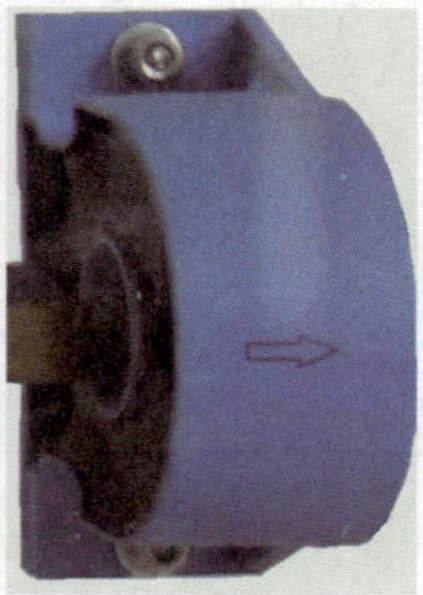

部件名称：_____

作用：_____

_____

_____

学习任务 2　检修蓄电池管理系统

● 能力拓展

1. 蓄电池管理系统上下电流程

 要求

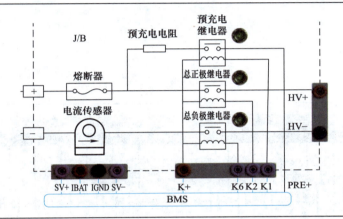

 检测

上电流程	下电流程
● 观察现象	● 观察现象
首次上电：□K6　□K2　□K1	首次下电：□K6　□K2　□K1
再次上电：□K6　□K2　□K1	再次下电：□K6　□K2　□K1
上电完成后断电：□K6　□K2　□K1	

 检测

打开点火开关电压测量 /V					打开点火开关电压测量 /V			
名称	0s	2s	4s	名称	0s	2s	4s
K6				K6			
K2				K2			
K1				K1			

新能源汽车动力蓄电池技术工作页

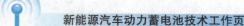 结论

- 上电流程：首次上电（□K6 □K2 □K1）；再次上电（□K6 □K2 □K1）。
- 下电流程：首次下电（□K6 □K2 □K1）；再次下电（□K6 □K2 □K1）。

2. 蓄电池管理系统电压采集

 要求

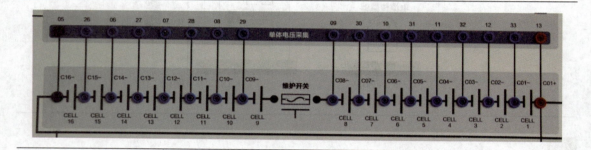

 检测

正常测量	单体蓄电池 11（二级欠电压）
● 测量电压	● 测量电压
测量 C10- 与 C11- 之间电压：____V	测量 C10- 与 C11- 之间电压：____V
测量 C01+ 与 C16- 之间电压：____V	测量 C01+ 与 C16- 之间电压：____V
查看仪表单体蓄电池 11 电压值：____V	查看仪表单体蓄电池 11 电压值：____V

 结论

- 单体蓄电池其中一组欠电压后蓄电池组总电压（□下降 □不变 □断开）。
- 系统中蓄电池组是属于（□串联 □并联 □混联）结构。

3. 蓄电池管理系统温度采集

 要求

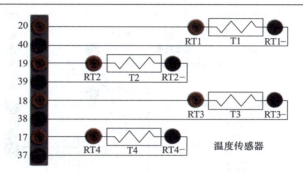

温度传感器

检测

正常测量	温度传感器 T1（蓄电池温度过高）
● 测量电压	● 测量电压
测量温度传感器 T1 电压：____V	测量温度传感器 T1 电压：____V
测量温度传感器 T2 电压：____V	测量温度传感器 T2 电压：____V
● 观察现象	● 观察现象
查看 BMS 仪表显示 T1：____℃	查看 BMS 仪表显示 T1：____℃
查看 BMS 仪表显示 T2：____℃	查看 BMS 仪表显示 T2：____℃
正极继电器：□吸合　□断开	正极继电器：□吸合　□断开
负极继电器：□吸合　□断开	负极继电器：□吸合　□断开
蓄电池箱风扇转动情况：□是　□否	蓄电池箱风扇转动情况：□是　□否

 结论

● 蓄电池箱温度传感器其中一组温度过高对蓄电池组（□有　□无）影响。

● 温度过高会导致（□正极继电器　□负极继电器）断开，车辆（□能　□不能）正常行驶。

新能源汽车动力蓄电池技术工作页

4. 蓄电池管理系统电流采集

 要求

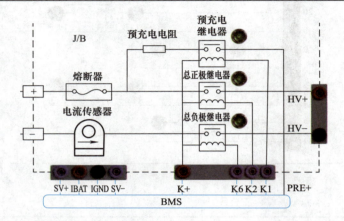

 检测

放电监测	充电监测
● 观察检测	● 观察检测
1200r/min 放电时电流：____A	查看仪表充电电流：____A
IBAT：____mV	IBAT：____mV
1800r/min 放电时电流：____A	SV+：____V
IBAT：____mV	SV-：____V

 结论

- 电流传感器在（□放电时　□充电时）起到采集作用。
- 在充电及放电时，BMS（□有　□没有）监控电流情况。

学习任务 2　检修蓄电池管理系统

5. 蓄电池管理系统充电监控

　要求

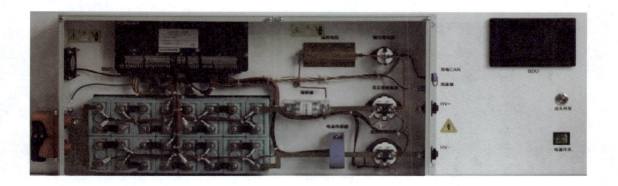

　检测

未充电时	充电时
● 观察现象	● 观察现象
查看仪表充电电流：＿＿A	查看仪表充电电流：＿＿A
查看仪表单体最高电压：＿＿V	查看仪表单体最高电压：＿＿V
查看仪表单体最低电压：＿＿V	查看仪表单体最低电压：＿＿V
查看仪表温度传感器最高：＿＿℃	查看仪表温度传感器最高：＿＿℃

　结论

- 充电时，蓄电池管理系统（□需要　□不需要）监测充电电流。
- 充电时，蓄电池管理系统（□需要　□不需要）监测单体蓄电池电压。
- 充电时，蓄电池管理系统（□需要　□不需要）监测蓄电池组温度。

6. 蓄电池管理系统放电监控

 要求

___

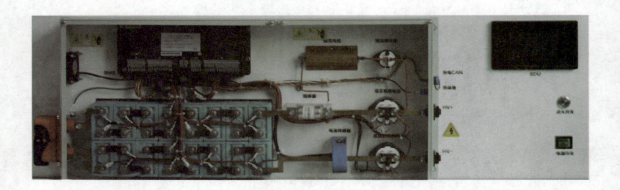

 检测

未放电时	放电时
● 观察现象	● 观察现象
查看仪表放电电流：____A	查看仪表放电电流：____A
查看仪表单体最高电压：____V	查看仪表单体最高电压：____V
查看仪表单体最低电压：____V	查看仪表单体最低电压：____V
查看仪表温度传感器最高：____℃	查看仪表温度传感器最高：____℃

 结论

- 放电时，蓄电池管理系统（□需要　□不需要）监测充电电流。
- 放电时，蓄电池管理系统（□需要　□不需要）监测单体蓄电池电压。
- 放电时，蓄电池管理系统（□需要　□不需要）监测蓄电池组温度。

学习任务 2　检修蓄电池管理系统

7、蓄电池管理系统过充电和过放电控制

 要求

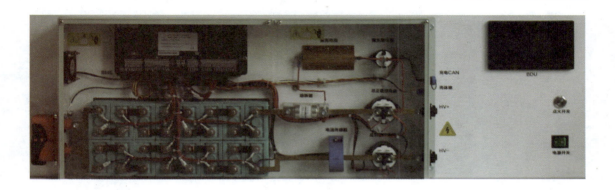

 检测

过放电监控（11号蓄电池一级欠电压故障）
- 观察现象

  查看仪表放电电流：____A

  查看仪表单体最高电压：____V

  查看仪表单体最低电压：____V

- 过放电时继电器工作状态

  停止工作的继电器□ K6　□ K2　□ K1

过充电监控（11号蓄电池单体过电压故障）
- 观察现象

  查看仪表充电电流：____A

  查看仪表单体最高电压：____V

  查看仪表单体最低电压：____V

- 过充电时继电器工作状态

  停止工作的继电器□ K6　□ K2　□ K1

结论

- 过放电时，BMS（□会　□不会）控制继电器断开，高压蓄电池（□会□不会）继续放电。
- 过充电时，BMS（□会　□不会）控制继电器断开，高压蓄电池（□会□不会）继续充电。

75

8. 蓄电池管理系统绝缘电阻

 要求

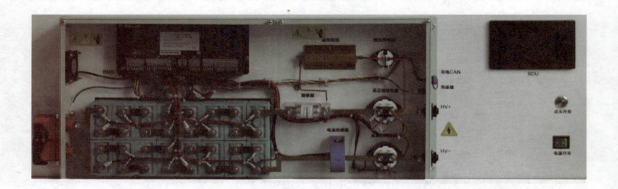

 检测

● 测量正常电阻	● 测量故障电阻（正极母线绝缘性下降）
蓄电池正极与车身搭铁之间电阻：____MΩ	蓄电池正极与车身搭铁之间电阻：____MΩ
蓄电池负极与车身搭铁之间电阻：____MΩ	蓄电池负极与车身搭铁之间电阻：____MΩ
BMS 仪表显示绝缘电阻值：____MΩ	BMS 仪表显示绝缘电阻值：____MΩ
查看 BMS 仪表显示漏电电流：____mA	查看 BMS 仪表显示漏电电流：____mA

 结论

● BMS 监控绝缘电阻检测的是（□高压蓄电池正负极与车身搭铁之间的电阻　□辅助蓄电池正负极与车身搭铁之间的电阻）。

● 绝缘电阻（□减小　□增大）会导致高压系统正负极继电器断开，车辆无法正常行驶。

● 绝缘电阻降低后，漏电电流（□减小　□增大）。

9. 高压维护开关

要求

检测

未断开开关时测量	断开开关时测量
● 测量	● 测量
C01+—C08−：____V	C01+—C08−：____V
C16−—C09−：____V	C16−—C09−：____V
蓄电池正极—蓄电池负极：____V	蓄电池正极—蓄电池负极：____V

结论

- 高压维护开关在电动汽车中主要起到（□ 防短路 □ 安全保护 □ 系统维修）作用。
- 高压维护开关（□ 串联在蓄电池组中 □ 并联在蓄电池组中）。

新能源汽车动力蓄电池技术工作页

这节课你有什么收获?

你还有哪些疑问?

记录老师提到的重点、难点以及自己认为的重要知识。

学习任务 2　检修蓄电池管理系统

2.4　任务实施

课程名称	新能源汽车动力蓄电池技术	小组名称	
学习任务	2.检修蓄电池管理系统	学生姓名	
学习内容	2.4.1 蓄电池系统故障诊断（BAIC EV200）	授课课时	4课时

● 信息收集

1. 填写动力蓄电池插接件定义

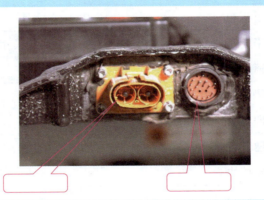

2. 填写端子号定义

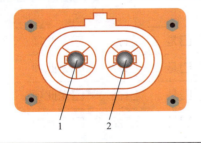

动力蓄电池高压输出电缆端插接件

插接件名称	端子号	功能定义
TH2	1	
	2	

3. 测量绝缘电阻

测量对象	测量项目	测量要求	参考值/MΩ	实测值
动力蓄电池	正极绝缘电阻	测试电压为：1000V	≥ 1.4	
	负极绝缘电阻		≥ 1.0	

新能源汽车动力蓄电池技术工作页

● 能力拓展

1. 登记车辆信息

品牌/车型		工作电压	
车辆识别码		制造年月	

2. 安装车辆防护用品

序号	防护用品	安装情况		
1	安装翼子板布	□是	□否	□无此项
2	安装前格栅布	□是	□否	□无此项
3	安装座椅套	□是	□否	□无此项
4	安装脚垫	□是	□否	□无此项
5	安装转向盘套	□是	□否	□无此项
6	安装变速杆套	□是	□否	□无此项
7	安装车轮挡块	□是	□否	□无此项

3. 执行高压作业安全规定

序号	作业流程	执行情况		
1	将变速杆置于P位	□是	□否	□无此项
2	拉起/放下驻车制动器	□是	□否	□无此项
3	关闭点火开关	□是	□否	□无此项
4	将钥匙妥善保存	□是	□否	□无此项
5	断开辅助蓄电池负极	□是	□否	□无此项
6	检查安全防护装备	□是	□否	□无此项
7	断开维修开关	□是	□否	□无此项
8	放置高压作业维修标识	□是	□否	□无此项
9	使用放电仪放电	□是	□否	□无此项
10	使用万用表测量系统电压	实测电压 _____ V		

学习任务 2　检修蓄电池管理系统

4. 描述故障现象

基本检查：

故障现象：

5. 查询故障信息

故障码：

冻结数据：

6. 分析可能原因

电路图：

可能原因：

新能源汽车动力蓄电池技术工作页

7. 实施诊断流程

测量对象				
测量条件				
实测值				
标准值				

波形测量（测量对象）：_____

实测波形　　　　　　　　　　　　　标准波形

8. 确诊故障原因

电路故障	故障电路区间：	□短路　□断路　□虚接
器件故障	故障器件名称：	□机械损坏　□电气损坏
其他故障	故障说明：	

9. 分析故障机理

机理分析：

使用建议：

学习任务 2　检修蓄电池管理系统

这节课你有什么收获？

你还有哪些疑问？

记录老师提到的重点、难点以及自己认为的重要知识。

课程名称	新能源汽车动力蓄电池技术	小组名称	
学习任务	2. 检修蓄电池管理系统	学生姓名	
学习内容	2.4.2 蓄电池系统故障诊断（BYD e6）	授课课时	4课时

● 信息收集

1. 接口定义

序号	接口名称
1	
2	
3	
4	
5	

2. 插接件定义

插接件名称	端子号	端子定义
低压插接器	K45（A）25	
	K45（A）34	
	K45（A）33	
	K45（A）17	
	K45（A）9	
	K45（A）24	
	K45（A）27	
	K45（A）29	
	K45（A）26	
	K45（B）15	
	K45（B）22	

3. 补全电路图

4. 数据测量(断路)

端子号	端子定义	正常值	测量点1	测量点2
K45(A)25				
K45(A)34				
K45(A)33				
K45(A)17				
K45(A)9				

5. 故障分析

端子号	故障现象	仪表显示	故障码
K45(A)25			
K45(A)34			
K45(A)33			
K45(A)17			
K45(A)9			

新能源汽车动力蓄电池技术工作页

● 能力拓展

1. 登记车辆信息

品牌/车型		工作电压	
车辆识别码		制造年月	

2. 安装车辆防护用品

序号	防护用品	安装情况		
1	安装翼子板布	□是	□否	□无此项
2	安装前格栅布	□是	□否	□无此项
3	安装座椅套	□是	□否	□无此项
4	安装脚垫	□是	□否	□无此项
5	安装转向盘套	□是	□否	□无此项
6	安装变速杆套	□是	□否	□无此项
7	安装车轮挡块	□是	□否	□无此项

3. 执行高压作业安全规定

序号	作业流程	执行情况		
1	将变速杆置于P位	□是	□否	□无此项
2	拉起/放下驻车制动器	□是	□否	□无此项
3	关闭点火开关	□是	□否	□无此项
4	将钥匙妥善保存	□是	□否	□无此项
5	断开辅助蓄电池负极	□是	□否	□无此项
6	检查安全防护装备	□是	□否	□无此项
7	断开维修开关	□是	□否	□无此项
8	放置高压作业维修标识	□是	□否	□无此项
9	使用放电仪放电	□是	□否	□无此项
10	使用万用表测量系统电压	实测电压 _____ V		

学习任务 2　检修蓄电池管理系统

4. 描述故障现象

基本检查：

故障现象：

5. 查询故障信息

故障码：

冻结数据：

6. 分析可能原因

电路图：

可能原因：

新能源汽车动力蓄电池技术工作页

7. 实施诊断流程

测量对象				
测量条件				
实测值				
标准值				

波形测量（测量对象）：＿＿＿＿＿＿＿＿

实测波形	标准波形

8. 确诊故障原因

电路故障	故障电路区间：	□短路　　□断路　　□虚接
器件故障	故障器件名称：	□机械损坏　　□电气损坏
其他故障	故障说明：	

9. 分析故障机理

机理分析：	使用建议：

学习任务2 　检修蓄电池管理系统

这节课你有什么收获？

你还有哪些疑问？

记录老师提到的重点、难点以及自己认为的重要知识。

新能源汽车动力蓄电池技术工作页

课程名称	新能源汽车动力蓄电池技术	小组名称	
学习任务	2.检修蓄电池管理系统	学生姓名	
学习内容	2.4.3 蓄电池系统故障诊断（吉利帝豪EV）	授课课时	4课时

● 信息收集

1. 接口定义

序号	接口名称
1	
2	
3	
4	
5	

90

2. 插接件定义

插接件名称	端子号	端子定义
BMS-A 线束插接器	CA49/1	
	CA49/2	
	CA49/3	
	CA49/4	
	CA49/5	
	CA49/6	
	CA49/7	
	CA49/8	
	CA49/9	
	CA49/10	
	CA49/11	
	CA49/12	
BMS-B 线束插接器	CA50/1	
	CA50/2	
	CA50/3	
	CA50/4	
	CA50/5	
	CA50/6	
	CA50/7	
	CA50/8	
	CA50/9	
	CA50/10	
	CA50/11	
	CA50/12	

3. 补全电路图

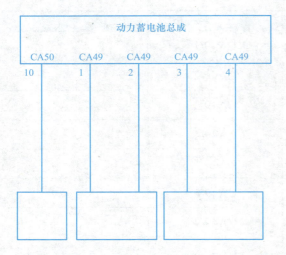

4. 数据测量（断路）

端子号	端子定义	正常值	测量点1	测量点2
CA50/10				
CA49/1				
CA49/2				
CA49/3				
CA49/4				

5. 故障分析

端子号	故障现象	仪表显示	故障码
CA50/10			
CA49/1			
CA49/2			
CA49/3			
CA49/4			

学习任务 2　检修蓄电池管理系统

● **能力拓展**

1. 登记车辆信息

品牌 / 车型		工作电压	
车辆识别码		制造年月	

2. 安装车辆防护用品

序号	防护用品	安装情况		
1	安装翼子板布	□是	□否	□无此项
2	安装前格栅布	□是	□否	□无此项
3	安装座椅套	□是	□否	□无此项
4	安装脚垫	□是	□否	□无此项
5	安装转向盘套	□是	□否	□无此项
6	安装变速杆套	□是	□否	□无此项
7	安装车轮挡块	□是	□否	□无此项

3. 执行高压作业安全规定

序号	作业流程	执行情况		
1	将变速杆置于 P 位	□是	□否	□无此项
2	拉起 / 放下驻车制动器	□是	□否	□无此项
3	关闭点火开关	□是	□否	□无此项
4	将钥匙妥善保存	□是	□否	□无此项
5	断开辅助蓄电池负极	□是	□否	□无此项
6	检查安全防护装备	□是	□否	□无此项
7	断开维修开关	□是	□否	□无此项
8	放置高压作业维修标识	□是	□否	□无此项
9	使用放电仪放电	□是	□否	□无此项
10	使用万用表测量系统电压	实测电压 _____V		

新能源汽车动力蓄电池技术工作页

4. 描述故障现象

基本检查：

故障现象：

5. 查询故障信息

故障码：

冻结数据：

6. 分析可能原因

电路图：

可能原因：

7. 实施诊断流程

测量对象				
测量条件				
实测值				
标准值				

波形测量（测量对象）：_____

实测波形	标准波形

8. 确诊故障原因

电路故障	故障电路区间：	□短路　　□断路　　□虚接
器件故障	故障器件名称：	□机械损坏　　□电气损坏
其他故障	故障说明：	

9. 分析故障机理

机理分析：

使用建议：

新能源汽车动力蓄电池技术工作页

这节课你有什么收获？

你还有哪些疑问？

记录老师提到的重点、难点以及自己认为的重要知识。

学习任务2　检修蓄电池管理系统

课程名称	新能源汽车动力蓄电池技术	小组名称	
学习任务	2.检修蓄电池管理系统	学生姓名	
学习内容	2.4.4 蓄电池系统故障诊断（奔腾EVB50）	授课课时	4课时

● 信息收集

1. 接口定义

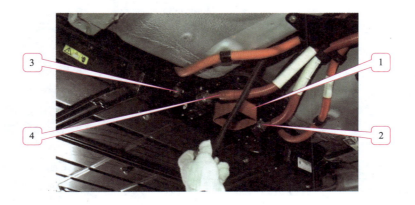

序号	接口名称
1	
2	
3	
4	

2. 插接件定义

插接件名称	端子号	端子定义
低压线束插接器	8P/A	
	8P/B	
	8P/C	
	8P/D	
	8P/E	
	8P/F	
	8P/G	
	8P/H	

3. 补全电路图

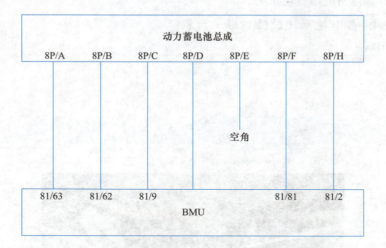

4. 数据测量（断路）

端子号	端子定义	正常值	测量点1	测量点2
8P/A				
8P/B				
8P/C				
8P/D				
8P/F				

5. 故障分析

端子号	故障现象	仪表显示	故障码
8P/A			
8P/B			
8P/C			
8P/D			
8P/F			

学习任务 2　检修蓄电池管理系统

● 能力拓展

1. 登记车辆信息

品牌 / 车型		工作电压	
车辆识别码		制造年月	

2. 安装车辆防护用品

序号	防护用品	安装情况		
1	安装翼子板布	□是	□否	□无此项
2	安装前格栅布	□是	□否	□无此项
3	安装座椅套	□是	□否	□无此项
4	安装脚垫	□是	□否	□无此项
5	安装转向盘套	□是	□否	□无此项
6	安装变速杆套	□是	□否	□无此项
7	安装车轮挡块	□是	□否	□无此项

3. 执行高压作业安全规定

序号	作业流程	执行情况		
1	将变速杆置于 P 位	□是	□否	□无此项
2	拉起驻车制动器	□是	□否	□无此项
3	关闭点火开关	□是	□否	□无此项
4	将钥匙妥善保存	□是	□否	□无此项
5	断开辅助蓄电池负极	□是	□否	□无此项
6	检查安全防护装备	□是	□否	□无此项
7	断开维修开关	□是	□否	□无此项
8	放置高压作业维修标识	□是	□否	□无此项
9	使用放电仪放电	□是	□否	□无此项
10	使用万用表测量系统电压	实测电压 _____V		

新能源汽车动力蓄电池技术工作页

4. 描述故障现象

基本检查：

故障现象：

5. 查询故障信息

故障码：

冻结数据：

6. 分析可能原因

电路图：

可能原因：

7. 实施诊断流程

测量对象				
测量条件				
实测值				
标准值				

波形测量（测量对象）：_____

实测波形	标准波形

8. 确诊故障原因

电路故障	故障电路区间：	□短路　　□断路　　□虚接
器件故障	故障器件名称：	□机械损坏　　□电气损坏
其他故障	故障说明：	

9. 分析故障机理

机理分析：	使用建议：

新能源汽车动力蓄电池技术工作页

这节课你有什么收获?

你还有哪些疑问?

记录老师提到的重点、难点以及自己认为的重要知识。

2.5 任务评价

1.蓄电池的额定容量为单体蓄电池的额定容量，若蓄电池组中单体蓄电池的电压不均匀，则蓄电池组的额定电压取决于单体蓄电池中电压（　　）。

A. 最低者　　　　　　　　　　B. 最高者
C. 与电压无关　　　　　　　　D. 任意单体蓄电池

2.如图所示为蓄电池组连接方式中的（　　）。

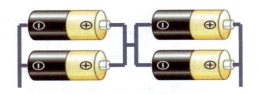

A. 串联　　　　　　　　　　　B. 并联
C. 混联　　　　　　　　　　　D. 不属于

3.并联蓄电池组中蓄电池间互充电，当并联蓄电池组中一节蓄电池电压低时，其他蓄电池将给此蓄电池充电，低压蓄电池容量小幅度提高的同时，高压蓄电池容量（　　），能量将损耗在互充电过程中而达不到预期的对外输出。

A. 急剧上升　　　　　　　　　B. 急剧下降
C. 缓慢上升　　　　　　　　　D. 缓慢下降

4.蓄电池组 3P91S 表示为（　　）。

A. 5个蓄电池并联为单体，然后91个串联
B. 6个蓄电池并联为单体，然后91个串联
C. 3个蓄电池并联为单体，然后91个串联
D. 3个蓄电池串联为单体，然后91个并联

5.单体蓄电池的组合方式包括（　　）。

A. 串联　　　　　　　　　　　B. 并联
C. 混联　　　　　　　　　　　D. 只能串联和并联

6. 单体蓄电池的类型包括（　　）。

　　A. 圆柱形　　　　　　　　　　B. 方形
　　C. 软包　　　　　　　　　　　D. 纽扣

7. 影响蓄电池组寿命的重要因素是（　　）。

　　A. 蓄电池组的连接方式　　　　B. 蓄电池组的布置方式
　　C. 单体蓄电池的不一致性　　　D. 蓄电池组的使用时间

8. 能量耗散型均衡电路控制方法通过在蓄电池组各单体蓄电池上（　　）分流电阻放电，从而实现均衡。

　　A. 串联　　　　　　　　　　　B. 并联
　　C. 混联　　　　　　　　　　　D. 不连接

9. （　　）的不一致性主要影响并联蓄电池组的蓄电池互充电。

　　A. 电流　　　　　　　　　　　B. 电压
　　C. 内阻　　　　　　　　　　　D. 容量

10. 在充电过程中，由于内阻不同，分配到串联组每个蓄电池的（　　）不同，将使蓄电池充电电压不一致。

　　A. 充电温度　　　　　　　　　B. 充电时间
　　C. 充电电压　　　　　　　　　D. 充电电流

11. 在充电过程中，由于内阻不同，分配到并联组的（　　）不同，所以相同时间内充电容量不同，即蓄电池的充电速度不同，从而影响整个充电过程。

　　A. 充电温度　　　　　　　　　B. 充电时间
　　C. 充电电压　　　　　　　　　D. 充电电流

12. 蓄电池组的充电均衡方法为（　　）。

　　A. 蓄电池容量浮充均衡法　　　B. 蓄电池电压均衡法
　　C. 蓄电池 SOC 均衡法　　　　　D. 蓄电池电流均衡法

13. 能量转移式均衡电路包括（　　）。

　　A. 双层开关电容均衡电路　　　B. 开关电容均衡电路
　　C. 飞度电容均衡电路　　　　　D. 基于 DC-DC 变换器分布式均衡电路

14. 蓄电池组的一致性变差体现在实际应用中主要有（　　）。

A. 能量密度下降　　　　　　　　B. 功率密度下降
C. 寿命缩短　　　　　　　　　　D. 充电时间下降

15. 蓄电池管理系统是指（　　）。

A. 利用生物分解反应过程中表现出来的带电现象进行能量转换的装置
B. 用来对蓄电池组进行安全监控及有效管理、提高蓄电池使用效率的装置
C. 电动汽车上安装的、能够储存电能的装置
D. 电动车上用来进行数据处理和分析的装置

16. 蓄电池管理系统的英文缩写是（　　）。

A. BCU　　　　　　　　　　　　B. BMU
C. HMU　　　　　　　　　　　　D. BMS

17. 放电功率控制是以（　　）等参数为条件来进行的。

A. SOC、SOH 和电压　　　　　　B. SOC、SOH 和温度
C. 电压、电流和温度　　　　　　D. SOC、电流和温度

学习任务 3
检修充电系统

3.1 任务描述

小刘的电动汽车已经两天没有充电了，仪表上显示剩余电量 40%，本着"浅充浅放"的爱车原则，小刘下班到家后连接好家用充电枪，观看仪表显示正在充电，就休息了。第二天早晨小刘准备外出时，却发现一晚上只充到 45%，小刘再次连接充电枪察看仪表，发现仪表上的"充电指示灯"状态与以前充电时不一样了，也没有充电电流显示，车子不充电了。

学员或具有电气维修资质的人员接受车间主管派发的任务委托书，在规定时间内以小组作业的形式，按照维修手册技术规范或相关标准诊断并排除故障，恢复车辆性能。完成作业项目自检合格后交付检验并移交服务顾问。工作过程严格执行高压作业安全规定和 6S（Seiri, Seiton, Seiketsu, Standard, Shitsuke, Safety；即整理、整顿、清洁、规范、素养、安全）规范，并能提出车辆使用中的安全措施和合理化建议。

3.2 任务目标

通过本次任务，要求学生能自主学习并运用专业知识与技能，有目的地按照维修手册技术要求，严格执行高压作业安全规定，合理使用工具仪器完成充电系统的检修工作，并对工作结果进行有效评估，逐步培养学生基于知识与技能、过程与方法、情感态度和价值观等方面的综合职业能力。

- 能解释电能的补给方式及直流充电和交流系统的结构原理。
- 能按照维修手册标准制订工作计划，诊断和排除充电系统故障。
- 能自主学习并且将获得的新知识新技能运用于新的实践。
- 能严格执行电动汽车高压作业安全规定并具备能源和环境意识。

3.3 任务准备

课程名称	新能源汽车动力蓄电池技术	小组名称	
学习任务	3. 检修充电系统	学生姓名	
学习内容	3.3.1 电能补给方式	授课课时	4 课时

● 信息收集

1. 将下列正确的相连

供电系统　　　　　　　　　配电柜

充电设备　　　　　　　　　充电监控系统

中央监控设备　　　　　　　消防设施

配套设施　　　　　　　　　电池更换设备

2. 填入正确的选项

　　（　）　　　　　　　　（　）　　　　　　　　（　）

A. 大型充电站　　　　　B. 中型充电站　　　　　C. 小型充电站

3. 充电站的分类

大型充电站的配电容量为：

☐ 不小于 500kVA

☐ 小于 100kVA

☐ 不小于 400kVA

☐ 不小于 300kVA

4. 传导式充电认知

充电电流较大的充电方式为：	必须在充电站完成的充电方式为：
☐ 直流充电 ☐ 交流充电	☐ 直流充电 ☐ 交流充电

5. 标出充电接口的名称

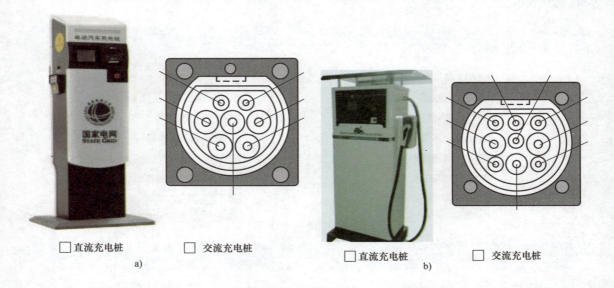

☐ 直流充电桩　　☐ 交流充电桩　　　　☐ 直流充电桩　　☐ 交流充电桩

a)　　　　　　　　　　　　　　　　　　b)

6. 标出下列无线电力传输方式原理图正确的名称

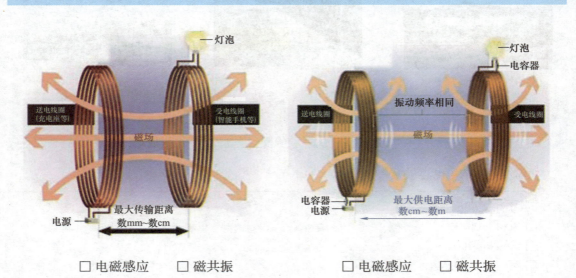

☐ 电磁感应　　☐ 磁共振　　　　　　☐ 电磁感应　　☐ 磁共振

学习任务3　检修充电系统

7. 标出下列无线电力传输应用正确的原理名称

☐ 电磁感应　　☐ 磁共振　　☐ 无线电波　　　　☐ 电磁感应　　☐ 磁共振　　☐ 无线电波

8. 将下面汽车类型与常用的换电模式连接

商用车　　　　　　　　　　　　两侧更换

　　　　　　　　　　　　　　　行李箱更换

商用车　　　　　　　　　　　　底盘更换

9. 标出下列换电方式的名称

☐全自动底盘式　　☐全自动行李箱式　　　　☐全自动底盘式　　☐全自动行李箱式

109

新能源汽车动力蓄电池技术工作页

这节课你有什么收获？

你还有哪些疑问？

记录老师提到的重点、难点以及自己认为的重要知识。

学习任务3　检修充电系统

课程名称	新能源汽车动力蓄电池技术	小组名称	
学习任务	3.检修充电系统	学生姓名	
学习内容	3.3.2 高压控制系统	授课课时	4课时

● 信息收集（BAIC EV200）

1. 填写插接件定义

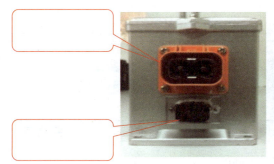
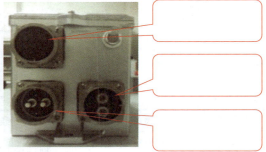

2. 填写端子号定义

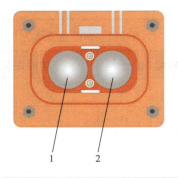

快充插接件

插接件名称	端子号	功能定义
HT4e	1	
	2	

3. 测量绝缘电阻

检测对象	检测项目	条件	标准值/Ω	实测值
快充插接件 HT4e	正极绝缘电阻	环境温度为23℃±2℃ 相对湿度为45%~75% 测试电压为1000V	≥1000	
	负极绝缘电阻		≥1000	

111

4. 填写端子号定义

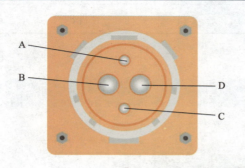

动力电池插件

插接件名称	端子号	功能定义
HT4b	A	
	B	
	C	
	D	

5. 测量高压控制盒插接件绝缘电阻

检测对象	检测项目	条件	标准值	实测值
动力蓄电池插接件 HT4b	正极绝缘电阻	测试电压为1000V	∞	
	负极绝缘电阻		∞	

6. 填写端子号定义

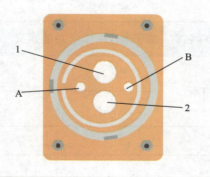

电动机控制器插接件

插接件名称	端子号	功能定义
HT4	A	
	B	
	1	
	2	

7. 测量动力蓄电池插接件绝缘电阻

检测对象	检测项目	条件	标准值	实测值
电动机控制器插接件 HT4	正极绝缘电阻	测试电压为1000V	∞	
	负极绝缘电阻		∞	

8. 填写端子号定义

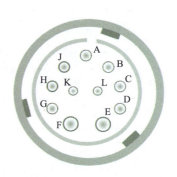

插接件名称	端子号	功能定义
高压附件插接件 HT11a	A	
	B	
	C	
	D	
	E	
	F	
	G	
	H	
	J	
	K	
	L	

9. 测量动力蓄电池插接件绝缘电阻

测量对象	测量项目	条件	标准值	实测值
高压线束高压控制盒11芯插接件HT11a	DC-DC 电源正极	环境温度为23℃±2℃ 相对湿度为80%～90% 测试电压为1000V	≥1000MΩ	
	DC-DC 电源负极		≥1000MΩ	
	PTC 电源正极	测试电压为1000V	≥500MΩ	
	PTC-A 组负极		≥500MΩ	
	PTC-B 组负极		≥500MΩ	
	充电机电源正极	环境温度为23℃±2℃ 相对湿度为45%～75% 测试电压为1000V	≥1000Ω	
	充电机电源负极		≥1000Ω	
	压缩机电源正极	清空空调压缩机内部的冷冻机油测试电压为1000V	≥50MΩ	
	压缩机电源负极		≥50MΩ	
	压缩机电源正极	压缩机内充入50cm³±1cm³的冷冻润滑油和63g±1g的HFC-134a制冷剂，测试电压为1000V	≥5MΩ	
	压缩机电源负极		≥5MΩ	

新能源汽车动力蓄电池技术工作页

- 能力拓展（BAIC EV200）

1. 登记车辆信息

品牌	电动机型号
车型	电动机功率
车辆识别码	动力蓄电池容量
制造年月	工作电压

2. 安装车辆防护用品

序号	防护用品	安装情况
1	安装翼子板布	□是　□否
2	安装座椅套	□是　□否
3	安装脚垫	□是　□否
4	安装转向盘套	□是　□否
5	安装变速杆套	□是　□否

3. 执行高压作业安全规定

序号	作业流程	执行情况
1	将变速杆置于N位	□是　□否
2	拉起/放下驻车制动器	□是　□否
3	关闭点火开关并拔出钥匙	□是　□否
4	将钥匙妥善保存	□是　□否
5	断开辅助蓄电池负极	□是　□否
6	断开维修开关	□是　□否
7	放置高压作业维修标识	□是　□否
8	使用放电仪放电	□是　□否
9	使用万用表测量系统电压	实测电压_____V

学习任务 3　检修充电系统

4. 拆卸高压控制盒

1）_____

2）_____

3）_____

4）_____

5）_____

6）_____

7）_____

8）_____

9）_____

5. 检查

外观检查		
序号	检查项目	检查结果
1	备件型号：	□正常　　□异常
2	备件外观检查	□正常　　□异常
3	插接件外观检查	□正常　　□异常

6. 安装高压控制盒

1）_____

2）_____

3）_____

7. 查询标准并检验

螺栓拧紧力矩检查		
序号	检查名称	力矩 N·m
1	高压控制盒与车身螺栓拧紧力矩	

外观检查		
序号	检查项目	检查结果
1	插接件破损情况	□正常　□异常
2	相应的卡口卡紧情况	□正常　□异常
3	蓄电池负极连接情况	□正常　□异常

仪表检查		
序号	检查项目	检查结果
1	蓄电池故障指示灯	□正常　□异常
2	动力蓄电池故障指示灯	□正常　□异常
3	动力蓄电池断开指示灯	□正常　□异常
4	系统故障灯	□正常　□异常
5	READY 指示灯	□正常　□异常

查询故障码		
序号	故障码	□有　□无
		定义
1		
2		

学习任务3 检修充电系统

● 信息收集（BYD e6）

1. 高压配电箱接口名称

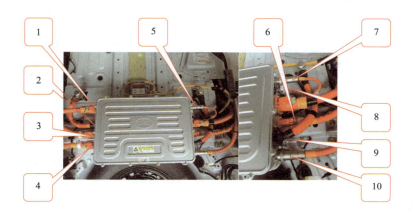

序号	接口名称
1	
2	
3	
4	
5	
6	
7	
8	
9	
10	

2. 高压配电箱插接件定义

插接件	插接件名称	端子号	端子定义
⑨ ②	输向电动机控制器插接件	⑨	
		②	
⑦ ⑥	直流充电插接件	⑦	
		⑥	
③	交流输入插接件	③	

3. 绝缘电阻测量

测量对象	端子号	测量条件	标准值/MΩ	实测值
输向电动机控制器插接件	⑨	环境温度为23℃±2℃ 相对湿度80%~90% 测试电压为1000V	≥1000	
	②		≥1000	
直流充电插接件	⑦		≥1000	
	⑥		≥1000	
交流输入插接件	③		≥1000	

学习任务 3　检修充电系统

● 能力拓展（BYD e6）

1. 登记车辆信息

品牌/车型		工作电压	
车辆识别码		制造年月	

2. 安装车辆防护用品

序号	防护用品	安装情况		
1	安装翼子板布	□是	□否	□无此项
2	安装前格栅布	□是	□否	□无此项
3	安装座椅套	□是	□否	□无此项
4	安装脚垫	□是	□否	□无此项
5	安装转向盘套	□是	□否	□无此项
6	安装变速杆套	□是	□否	□无此项
7	安装车轮挡块	□是	□否	□无此项

3. 执行高压作业安全规定

序号	作业流程	执行情况		
1	将变速杆置于 P 位	□是	□否	□无此项
2	拉起/放下驻车制动器	□是	□否	□无此项
3	关闭点火开关	□是	□否	□无此项
4	将钥匙妥善保存	□是	□否	□无此项
5	断开辅助蓄电池负极	□是	□否	□无此项
6	检查安全防护装备	□是	□否	□无此项
7	断开维修开关	□是	□否	□无此项
8	放置高压作业维修标识	□是	□否	□无此项
9	使用放电仪放电	□是	□否	□无此项
10	使用万用表测量系统电压	实测电压＿＿＿＿＿＿＿＿V		

119

新能源汽车动力蓄电池技术工作页

4. 拆卸高压配电箱

1) _____
2) _____
3) _____
4) _____
5) _____
6) _____
7) _____
8) _____
9) _____
10) _____

5. 检查

外观检查		
序号	检查项目	检查结果
1	备件型号：	□正常　　□异常
2	备件外观检查	□正常　　□异常
3	插接件外观检查	□正常　　□异常

6. 安装高压配电箱

1) _____
2) _____
3) _____

7. 查询标准并检验

螺栓拧紧力矩检查		
序号	检查项目	力矩 N·m
1	高压配电箱与车身螺栓拧紧力矩	

安装前的检查		
序号	检查项目	检查结果
1	插接件连接情况	□正常　□异常
2	部件外观损伤情况	□正常　□异常
3	相应的卡口卡紧情况	□正常　□异常
4	蓄电池负极连接情况	□正常　□异常

仪表检查		
序号	检查项目	检查结果
1	蓄电池故障指示灯	□正常　□异常
2	动力蓄电池故障指示灯	□正常　□异常
3	动力蓄电池断开指示灯	□正常　□异常
4	系统故障灯	□正常　□异常
5	READY 指示灯	□正常　□异常

查询故障码		
序号	故障码	□有　　□无
		定义
1		
2		

新能源汽车动力蓄电池技术工作页

● 信息收集（吉利 帝豪EV）

1. 分线盒接口名称

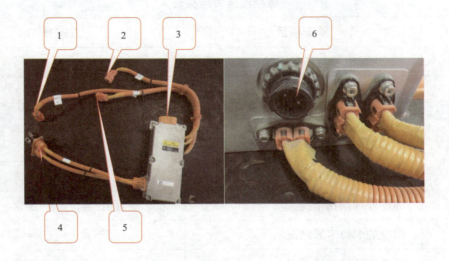

序号	接口名称
1	
2	
3	
4	
5	
6	

2. 分线盒插接件定义

学习任务 3　检修充电系统

插接件	插接件名称	端子号	端子定义
	分线盒线束插接器	EP42/1	
		EP42/2	
	压缩机线束插接器	EP52/1	
		EP52/2	

3. 绝缘电阻测量

测量对象	端子号	测量条件	标准值/MΩ	实测值
分线盒线束插接器	EP42/1	与分线盒壳体	≥20	
	EP42/2	与分线盒壳体	≥20	
压缩机线束插接器	EP52/1	与分线盒壳体	≥20	
	EP52/2	与分线盒壳体	≥20	

4. 分线盒插接件定义

新能源汽车动力蓄电池技术工作页

插接件	插接件名称	端子号	端子定义
	PTC 线束插接器	EP53/1	
		EP53/2	
	充电机 线束插接器	EP51/1	
		EP51/2	

5. 绝缘电阻的测量

测量对象	端子号	测量条件	标准值 /MΩ	实测值
PTC 线束插接器	EP53/1	与分线盒壳体	≥ 20	
	EP53/2	与分线盒壳体	≥ 20	
充电机 线束插接器	EP51/1	与分线盒壳体	≥ 20	
	EP51/2	与分线盒壳体	≥ 20	

● 能力拓展（吉利 帝豪 EV）

1. 登记车辆信息

品牌 / 车型		工作电压	
车辆识别码		制造年月	

2. 安装车辆防护用品

序号	防护用品	安装情况		
1	安装翼子板布	□是	□否	□无此项
2	安装前格栅布	□是	□否	□无此项
3	安装座椅套	□是	□否	□无此项
4	安装脚垫	□是	□否	□无此项
5	安装转向盘套	□是	□否	□无此项
6	安装变速杆套	□是	□否	□无此项
7	安装车轮挡块	□是	□否	□无此项

3. 执行高压作业安全规定

序号	作业流程	执行情况		
1	将变速杆置于P位	□是	□否	□无此项
2	拉起/放下驻车制动器	□是	□否	□无此项
3	关闭点火开关	□是	□否	□无此项
4	将钥匙妥善保存	□是	□否	□无此项
5	断开辅助蓄电池负极	□是	□否	□无此项
6	检查安全防护装备	□是	□否	□无此项
7	断开维修开关	□是	□否	□无此项
8	放置高压作业维修标识	□是	□否	□无此项
9	使用放电仪放电	□是	□否	□无此项
10	使用万用表测量系统电压	实测电压_____V		

4. 拆卸分线盒

1) _____

2) _____

3) _____

4) _____

5) _____

6) _____

7) _____

8) _____

9) _____

10) _____

5. 检查

外观检查		
序号	检查部件	检查结果
1	备件型号：	□正常　　□异常
2	备件外观检查	□正常　　□异常
3	插接件外观检查	□正常　　□异常

6. 安装分线盒

1) _____

2) _____

3) _____

7. 查询标准并检验

螺栓拧紧力矩检查		
序号	检查项目	力矩 N·m
1	分线盒与车身螺栓拧紧力矩	

安装前的检查		
序号	检查部件	检查结果
1	插接件连接情况	□正常　□异常
2	部件外观损伤情况	□正常　□异常
3	相应的卡口卡紧情况	□正常　□异常
4	蓄电池负极连接情况	□正常　□异常

仪表检查		
序号		检查结果
1	蓄电池故障指示灯	□正常　□异常
2	动力蓄电池故障指示灯	□正常　□异常
3	动力蓄电池断开指示灯	□正常　□异常
4	系统故障灯	□正常　□异常
5	READY 指示灯	□正常　□异常

查询故障码		
序号	故障码	□有　□无
		定义
1		
2		

新能源汽车动力蓄电池技术工作页

这节课你有什么收获？

你还有哪些疑问？

记录老师提到的重点、难点以及自己认为的重要知识。

学习任务3 检修充电系统

课程名称	新能源汽车动力蓄电池技术	小组名称	
学习任务	3.检修充电系统	学生姓名	
学习内容	3.3.3 直流充电系统	授课课时	4课时

● 信息收集（BAIC EV200）

1. 填写插接件定义

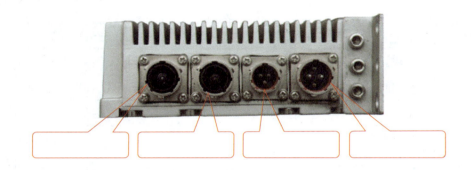

2. 填写端子号定义

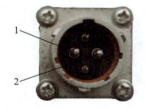 

插接件名称	端子号	功能定义
高压输出端 HT4	1	
	2	

3. 测量绝缘电阻

检测对象	检测项目	条件	标准值/MΩ	实测值
高压输出端 HT4	正极绝缘电阻	环境温度为23℃ ±2℃ 相对湿度为80%～90% 测试电压为1000V	≥1000	
	负极绝缘电阻		≥1000	

新能源汽车动力蓄电池技术工作页

● 能力拓展（BAIC EV200）

1. 登记车辆信息

品牌 / 车型		工作电压	
车辆识别码		制造年月	

2. 安装车辆防护用品

序号	防护用品	安装情况		
1	安装翼子板布	□是	□否	□无此项
2	安装前格栅布	□是	□否	□无此项
3	安装座椅套	□是	□否	□无此项
4	安装脚垫	□是	□否	□无此项
5	安装转向盘套	□是	□否	□无此项
6	安装变速杆套	□是	□否	□无此项
7	安装车轮挡块	□是	□否	□无此项

3. 执行高压作业安全规定

序号	作业流程	执行情况		
1	将变速杆置于 P 位	□是	□否	□无此项
2	拉起 / 放下驻车制动器	□是	□否	□无此项
3	关闭点火开关	□是	□否	□无此项
4	将钥匙妥善保存	□是	□否	□无此项
5	断开辅助蓄电池负极	□是	□否	□无此项
6	检查安全防护装备	□是	□否	□无此项
7	断开维修开关	□是	□否	□无此项
8	放置高压作业维修标识	□是	□否	□无此项
9	使用放电仪放电	□是	□否	□无此项
10	使用万用表测量系统电压	实测电压_____V		

4. 拆卸 DC-DC 变换器

1) _____

2) _____

3) _____

4) _____

5) _____

6) _____

7) _____

8) _____

9) _____

5. 检查

外观检查		
序号	检查部件	检查结果
1	备件型号：	□正常　□异常
2	备件外观检查	□正常　□异常
3	插接件外观检查	□正常　□异常

6. 安装 DC-DC 变换器

1) _____

2) _____

3) _____

7. 查询标准并检验

螺栓拧紧力矩检查		
序号	检查项目	力矩 N·m
1	DC-DC 变换器与车身螺栓拧紧力矩	

外观检查		
序号	检查项目	检查结果
1	插接件连接情况	□正常　□异常
2	部件外观损伤情况	□正常　□异常
3	相应的卡口卡紧情况	□正常　□异常
4	蓄电池负极连接情况	□正常　□异常

仪表检查		
序号	检查项目	检查结果
1	蓄电池故障指示灯	□正常　□异常
2	动力蓄电池故障指示灯	□正常　□异常
3	动力蓄电池断开指示灯	□正常　□异常
4	系统故障灯	□正常　□异常
5	READY 指示灯	□正常　□异常

查询故障码		
序号	故障码	□有　　□无
		定义
1		
2		

学习任务 3　检修充电系统

- 信息收集（BYD e6）

1. 填写插接件定义

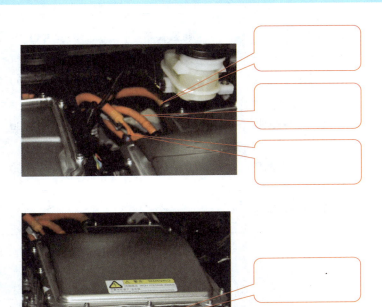

2. 填写端子号定义

插接件名称	端子号	功能定义
输向压缩机	1	
	2	

插接件名称	端子号	功能定义
输向 PTC	1	
	2	

3. 测量绝缘电阻

测量对象	测量项目	测量要求	参考值/MΩ	实测值
输向压缩机	正极绝缘电阻	环境温度为23℃±2℃ 相对湿度80%~90% 测试电压为1000V	≥1000	
输向压缩机	负极绝缘电阻		≥1000	
输向PTC	正极绝缘电阻		≥1000	
输向PTC	负极绝缘电阻		≥1000	

4. 填写端子号定义

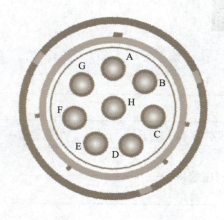

插接件名称	端子号	功能定义
高压输入	A	
	B	
	C	
	D	
	E	
	F	
	G	
	H	

能力拓展（BYD e6）

1. 登记车辆信息

品牌/车型		工作电压	
车辆识别码		制造年月	

2. 安装车辆防护用品

序号	防护用品	安装情况		
1	安装翼子板布	□是	□否	□无此项
2	安装前格栅布	□是	□否	□无此项
3	安装座椅套	□是	□否	□无此项
4	安装脚垫	□是	□否	□无此项
5	安装转向盘套	□是	□否	□无此项
6	安装变速杆套	□是	□否	□无此项
7	安装车轮挡块	□是	□否	□无此项

3. 执行高压作业安全规定

序号	作业流程	执行情况		
1	将变速杆置于P位	□是	□否	□无此项
2	拉起/放下驻车制动器	□是	□否	□无此项
3	关闭点火开关	□是	□否	□无此项
4	将钥匙妥善保存	□是	□否	□无此项
5	断开辅助蓄电池负极	□是	□否	□无此项
6	检查安全防护装备	□是	□否	□无此项
7	断开维修开关	□是	□否	□无此项
8	放置高压作业维修标识	□是	□否	□无此项
9	使用放电仪放电	□是	□否	□无此项
10	使用万用表测量系统电压	实测电压_____V		

4. 拆卸 DC-DC 变换器与空调驱动器

1) _____

2) _____

3) _____

4) _____

5) _____

6) _____

7) _____

8) _____

9) _____

5. 检查

外观检查		
序号	检查项目	检查结果
1	备件型号：	□正常　□异常
2	备件外观检查	□正常　□异常
3	插接件外观检查	□正常　□异常

6. 安装 DC-DC 变换器与空调驱动器

1) _____

2) _____

3) _____

7. 查询标准并检验

螺栓拧紧力矩检查		
序号	检查项目	力矩 N·m
1	DC-DC 变换器与空调驱动器支架与车身螺栓拧紧力矩	

外观检查		
序号	检查项目	检查结果
1	插接件连接情况	□正常　□异常
2	部件外观损伤情况	□正常　□异常
3	相应的卡口卡紧情况	□正常　□异常
4	蓄电池负极连接情况	□正常　□异常

仪表检查		
1	蓄电池故障指示灯	□正常　□异常
2	动力蓄电池故障指示灯	□正常　□异常
3	动力蓄电池断开指示灯	□正常　□异常
4	系统故障灯	□正常　□异常
5	READY 指示灯	□正常　□异常

查询故障码		
序号	故障码	□有　□无
		定义
1		
2		

新能源汽车动力蓄电池技术工作页

这节课你有什么收获?

你还有哪些疑问?

记录老师提到的重点、难点以及自己认为的重要知识。

学习任务 3　检修充电系统

课程名称	新能源汽车动力蓄电池技术	小组名称	
学习任务	3. 检修充电系统	学生姓名	
学习内容	3.3.4 交流充电系统	授课课时	4课时

● 信息收集（BAIC EV200）

1. 填写接插件定义

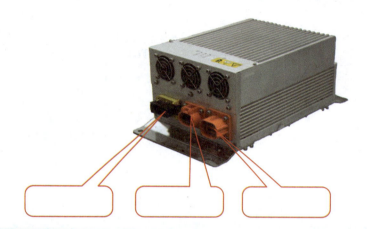

2. 填写端子号定义

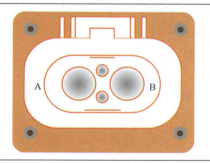

插接件名称	端子号	功能定义
直流输出端 HT4a	A	
	B	

3. 测量绝缘电阻

检测对象	检测项目	条件	标准值/Ω	实测值
直流输出端 HT4a	正极绝缘电阻	环境温度为23℃ ±2℃ 相对湿度为45%～75% 测试电压为1000V	≥ 1000	
	负极绝缘电阻		≥ 1000	

4. 填写端子号定义

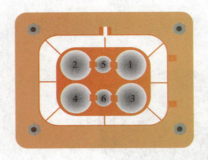

插接件名称	端子号	功能定义
交流输入端 HT6a	1	
	2	
	3	
	4	
	5	
	6	

5. 测量绝缘电阻

检测对象	检测项目	条件	标准值/MΩ	实测值
交流输入端 HT6a	交流电源（L）绝缘电阻	环境温度为 23℃ ±2℃ 相对湿度为 90%～95% 测试电压为 1000V	≥ 20	
	交流电源（N）绝缘电阻		≥ 20	

● 能力拓展（BAIC EV200）

1. 登记车辆信息

品牌/车型		工作电压	
车辆识别码		制造年月	

2. 安装车辆防护用品

序号	防护用品	安装情况		
1	安装翼子板布	□是	□否	□无此项
2	安装前格栅布	□是	□否	□无此项
3	安装座椅套	□是	□否	□无此项
4	安装脚垫	□是	□否	□无此项
5	安装转向盘套	□是	□否	□无此项
6	安装变速杆套	□是	□否	□无此项
7	安装车轮挡块	□是	□否	□无此项

3. 执行高压作业安全规定

序号	作业流程	执行情况		
1	将变速杆置于P位	□是	□否	□无此项
2	拉起/放下驻车制动器	□是	□否	□无此项
3	关闭点火开关	□是	□否	□无此项
4	将钥匙妥善保存	□是	□否	□无此项
5	断开辅助蓄电池负极	□是	□否	□无此项
6	检查安全防护装备	□是	□否	□无此项
7	断开维修开关	□是	□否	□无此项
8	放置高压作业维修标识	□是	□否	□无此项
9	使用放电仪放电	□是	□否	□无此项
10	使用万用表测量系统电压	实测电压_____V		

新能源汽车动力蓄电池技术工作页

4. 拆卸车载充电机

1) _____
2) _____
3) _____
4) _____
5) _____
6) _____
7) _____
8) _____
9) _____
10) _____

5. 检查

外观检查		
序号	检查项目	检查结果
1	备件型号：	□正常　□异常
2	备件外观检查	□正常　□异常
3	插接件外观检查	□正常　□异常

6. 安装车载充电机

1) _____
2) _____
3) _____

7. 查询标准并检验

螺栓拧紧力矩检查		
序号	检查名称	力矩 N·m
1	车载充电机与车身螺栓拧紧力矩	

外观检查		
序号	检查部件	检查结果
1	插接件破损情况	□正常 □异常
2	交流输入端插头电缆和车载充电机插头	□正常 □异常
3	相应的卡口卡紧情况	□正常 □异常
4	蓄电池负极连接情况	□正常 □异常

仪表检查		
序号		检查结果
1	蓄电池故障指示灯	□正常 □异常
2	动力蓄电池故障指示灯	□正常 □异常
3	动力蓄电池断开指示灯	□正常 □异常
4	系统故障灯	□正常 □异常
5	READY 指示灯	□正常 □异常

查询故障码		
序号	故障码	□有　□无
		定义
1		
2		

信息收集（吉利 帝豪EV）

1. 车载充充电机接口名称（吉利 帝豪EV）

序号	接口名称
1	
2	
3	

2. 车载充电机插接件定义

插接件	插接件名称	端子号	端子定义
	充电机线束插接器（分线盒）	EP51/1	
		EP51/2	
	充电机线束插接器	EP23/1	
		EP23/2	
		EP23/3	

3. 绝缘电阻测量

测量对象	端子号	测量条件	标准值/MΩ	实测值
充电机线束插接器（分线盒）	EP51/1	与分线盒壳体	≥20	
	EP51/2	与分线盒壳体	≥20	
充电机线束插接器	EP23/1	与分线盒壳体	≥20	
	EP23/2	与分线盒壳体	≥20	
	EP23/3	与分线盒壳体	≥20	

● 能力拓展（吉利 帝豪 EV）

1. 登记车辆信息

品牌/车型		工作电压	
车辆识别码		制造年月	

新能源汽车动力蓄电池技术工作页

2. 安装车辆防护用品

序号	防护用品	安装情况		
1	安装翼子板布	□是	□否	□无此项
2	安装前格栅布	□是	□否	□无此项
3	安装座椅套	□是	□否	□无此项
4	安装脚垫	□是	□否	□无此项
5	安装转向盘套	□是	□否	□无此项
6	安装变速杆套	□是	□否	□无此项
7	安装车轮挡块	□是	□否	□无此项

3. 执行高压作业安全规定

序号	作业流程	执行情况		
1	将变速杆置于 P 位	□是	□否	□无此项
2	拉起/放下驻车制动器	□是	□否	□无此项
3	关闭点火开关	□是	□否	□无此项
4	将钥匙妥善保存	□是	□否	□无此项
5	断开辅助蓄电池负极	□是	□否	□无此项
6	检查安全防护装备	□是	□否	□无此项
7	断开维修开关	□是	□否	□无此项
8	放置高压作业维修标识	□是	□否	□无此项
9	使用放电仪放电	□是	□否	□无此项
10	使用万用表测量系统电压	实测电压_____V		

4. 拆卸车载充电机

1) _____

2) _____

3) _____

4) _____

5) _____

6) _____

7) _____

8) _____

9) _____

5. 检查

外观检查		
序号	检查项目	检查结果
1	备件型号：	□正常　□异常
2	备件外观检查	□正常　□异常
3	插接件外观检查	□正常　□异常

6. 安装车载充电机

1) _____

2) _____

3) _____

新能源汽车动力蓄电池技术工作页

7. 查询标准并检验

	螺栓拧紧力矩检查	
序号	检查项目	力矩 N·m
1	车载充电机与车身螺栓拧紧力矩	

	外观检查	
序号	检查项目	检查结果
1	插接件连接情况	□正常　　□异常
2	部件外观损伤情况	□正常　　□异常
3	相应的卡口卡紧情况	□正常　　□异常
4	蓄电池负极连接情况	□正常　　□异常

	仪表检查	
1	蓄电池故障指示灯	□正常　　□异常
2	动力蓄电池故障指示灯	□正常　　□异常
3	动力蓄电池断开指示灯	□正常　　□异常
4	系统故障灯	□正常　　□异常
5	READY 指示灯	□正常　　□异常

	查询故障码	
序号	故障码	□有　　□无
		定义
1		
2		

148

学习任务3 检修充电系统

这节课你有什么收获?

你还有哪些疑问?

记录老师提到的重点、难点以及自己认为的重要知识。

3.4 任务实施

课程名称	新能源汽车动力蓄电池技术	小组名称	
学习任务	3. 检修充电系统	学生姓名	
学习内容	3.4.1 充电系统故障诊断 (BAIC EV200)	授课课时	4 课时

● 信息收集

1. 快充接口的认知

插接件名称	端子号	编号/标识	定义
	1		
	2		
	3		
	4		
	5		
	6		
	7		
	8		
	9		

2. 快充接口电阻值的测量

测量对象	直接测量	按下充电枪按钮
CC1-PE		

3. 慢充接口的认知

插接件名称	端子号	编号/标识	定义
	1		
	2		
	3		
	4		
	5		
	6		
	7		

4. 慢充接口电阻值的测量

测量对象	直接测量	按下充电枪按钮
CC-PE		

5. 填写慢充接口端子号定义

插接件名称	端子号	编号/标识	定义
	1		
	2		
	3		
	4		
	5		
	6		
	7		

新能源汽车动力蓄电池技术工作页

6. 填写快充接口端子号定义

插接件名称	端子号	编号/标识	定义
	1		
	2		
	3		
	4		
	5		
	6		
	7		
	8		
	9		

● 能力拓展

1. 登记车辆信息

品牌/车型		工作电压	
车辆识别码		制造年月	

2. 安装车辆防护用品

序号	防护用品	安装情况		
1	安装翼子板布	□是	□否	□无此项
2	安装前格栅布	□是	□否	□无此项
3	安装座椅套	□是	□否	□无此项
4	安装脚垫	□是	□否	□无此项
5	安装转向盘套	□是	□否	□无此项
6	安装变速杆套	□是	□否	□无此项
7	安装车轮挡块	□是	□否	□无此项

3. 执行高压作业安全规定

序号	作业流程	执行情况
1	将变速杆置于 P 位	□是　□否　□无此项
2	拉起/放下驻车制动器	□是　□否　□无此项
3	关闭点火开关	□是　□否　□无此项
4	将钥匙妥善保存	□是　□否　□无此项
5	断开辅助蓄电池负极	□是　□否　□无此项
6	检查安全防护装备	□是　□否　□无此项
7	断开维修开关	□是　□否　□无此项
8	放置高压作业维修标识	□是　□否　□无此项
9	使用放电仪放电	□是　□否　□无此项
10	使用万用表测量系统电压	实测电压_____V

4. 描述故障现象

基本检查：

故障现象：

新能源汽车动力蓄电池技术工作页

5. 查询故障信息

故障码：

冻结数据：

6. 分析可能原因

电路图：

可能原因：

7. 实施诊断流程

测量对象				
测量条件				
实测值				
标准值				

学习任务3　检修充电系统

波形测量（测量对象）：_____

实测波形		标准波形	

8. 确诊故障原因

电路故障	故障电路区间：	□短路　　□断路　　□虚接
器件故障	故障器件名称：	□机械损坏　　□电气损坏
其他故障	故障说明：	

9. 分析故障机理

机理分析：

使用建议：

新能源汽车动力蓄电池技术工作页

这节课你有什么收获?

你还有哪些疑问?

记录老师提到的重点、难点以及自己认为的重要知识。

学习任务 3　检修充电系统

课程名称	新能源汽车动力蓄电池技术	小组名称	
学习任务	3. 检修充电系统	学生姓名	
学习内容	3.4.2 充电系统故障诊断 (BYD E6)	授课课时	4 课时

● 信息收集

1. 接口定义

端子号	接口名称
1	
2	
3	
4	
5	

2. 插接件定义

插接件名称	端子号	端子定义
VTOG 低压线束插接器	B28/36	
	B28/51	
	B28/23	
	B28/52	
	B28/61	
	B28/62	
	B28/47	
	B28/48	

157

新能源汽车动力蓄电池技术工作页

3. 补全电路图

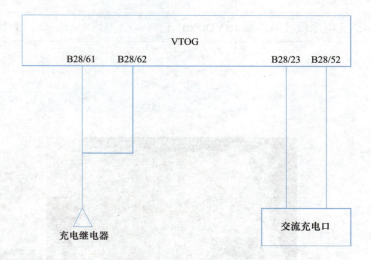

4. 数据测量（断路）

端子号	端子定义	正常值	测量点 1	测量点 2
B28/61				
B28/62				
B28/23				
B28/52				

5. 故障分析

端子号	故障现象	仪表显示	故障码
B28/61			
B28/62			
B28/23			
B28/52			

学习任务 3　检修充电系统

● 能力拓展

1. 登记车辆信息

品牌/车型		工作电压	
车辆识别码		制造年月	

2. 安装车辆防护用品

序号	防护用品	安装情况		
1	安装翼子板布	□是	□否	□无此项
2	安装前格栅布	□是	□否	□无此项
3	安装座椅套	□是	□否	□无此项
4	安装脚垫	□是	□否	□无此项
5	安装转向盘套	□是	□否	□无此项
6	安装变速杆套	□是	□否	□无此项
7	安装车轮挡块	□是	□否	□无此项

3. 执行高压作业安全规定

序号	作业流程	执行情况		
1	将变速杆置于 P 位	□是	□否	□无此项
2	拉起/放下驻车制动器	□是	□否	□无此项
3	关闭点火开关	□是	□否	□无此项
4	将钥匙妥善保存	□是	□否	□无此项
5	断开辅助蓄电池负极	□是	□否	□无此项
6	检查安全防护装备	□是	□否	□无此项
7	断开维修开关	□是	□否	□无此项
8	放置高压作业维修标识	□是	□否	□无此项
9	使用放电仪放电	□是	□否	□无此项
10	使用万用表测量系统电压	实测电压＿＿＿＿＿＿V		

新能源汽车动力蓄电池技术工作页

4. 描述故障现象

基本检查:

故障现象:

5. 查询故障信息

故障码:

冻结数据:

6. 分析可能原因

电路图:

可能原因:

学习任务3　检修充电系统

7. 实施诊断流程

测量对象				
测量条件				
实测值				
标准值				

波形测量（测量对象）：_____

实测波形	标准波形

8. 确诊故障原因

电路故障	故障电路区间：	□短路　　□断路　　□虚接
器件故障	故障器件名称：	□机械损坏　　□电气损坏
其他故障	故障说明：	

9. 分析故障机理

机理分析：

使用建议：

161

新能源汽车动力蓄电池技术工作页

这节课你有什么收获？

你还有哪些疑问？

记录老师提到的重点、难点以及自己认为的重要知识。

学习任务 3　检修充电系统

课程名称	新能源汽车动力蓄电池技术	小组名称	
学习任务	3.检修充电系统	学生姓名	
学习内容	3.4.3 充电系统故障诊断(吉利 帝豪 EV)	授课课时	4 课时

● 信息收集

1. 接口定义

端子号	接口名称
1	
2	
3	

2. 插接件定义

低压端子	插接件名称	端子号	端子定义
	充电机 OBC 线束插接器	EP10/1	
		EP10/2	
		EP10/3	
		EP10/4	
		EP10/19	

163

3. 波形分析

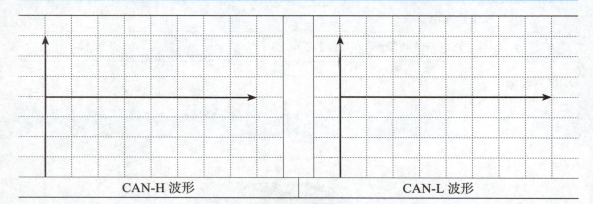

CAN-H 波形　　　　　　　　　CAN-L 波形

4. 电阻的测量

测量部位	端子号	端子定义	电阻值/Ω
车载充电机与诊断接口	EP10/3		
	IP15/11		
	EP10/4		
	IP15/3		
终端接口	IP15/3		
	IP15/11		

5. 补全电路图

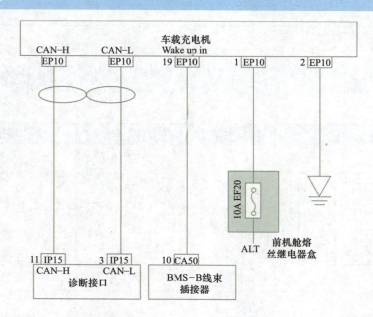

学习任务 3　检修充电系统

6. 数据测量（断路）

端子号	端子定义	正常值	测量点 1	测量点 2
EP10/1	终端 30 输出			
EP10/2	GND			
EP10/19	唤醒			

7. 故障分析

端子号	故障现象	仪表显示	故障码
EP10/1			
EP10/2			
EP10/19			

● 能力拓展

1. 登记车辆信息

品牌 / 车型		工作电压	
车辆识别码		制造年月	

2. 安装车辆防护用品

序号	防护用品	安装情况		
1	安装翼子板布	□是	□否	□无此项
2	安装前格栅布	□是	□否	□无此项
3	安装座椅套	□是	□否	□无此项
4	安装脚垫	□是	□否	□无此项
5	安装转向盘套	□是	□否	□无此项
6	安装变速杆套	□是	□否	□无此项
7	安装车轮挡块	□是	□否	□无此项

新能源汽车动力蓄电池技术工作页

3. 执行高压作业安全规定

序号	作业流程	执行情况		
1	将变速杆置于 P 位	□是	□否	□无此项
2	拉起 / 放下驻车制动器	□是	□否	□无此项
3	关闭点火开关	□是	□否	□无此项
4	将钥匙妥善保存	□是	□否	□无此项
5	断开辅助蓄电池负极	□是	□否	□无此项
6	检查安全防护装备	□是	□否	□无此项
7	断开维修开关	□是	□否	□无此项
8	放置高压作业维修标识	□是	□否	□无此项
9	使用放电仪放电	□是	□否	□无此项
10	使用万用表测量系统电压	实测电压_____V		

4. 描述故障现象

基本检查:

故障现象:

学习任务3　检修充电系统

5. 查询故障信息

故障码：

冻结数据：

6. 分析可能原因

电路图：

可能原因：

7. 实施诊断流程

测量对象				
测量条件				
实测值				
标准值				

波形测量（测量对象）：_____

新能源汽车动力蓄电池技术工作页

| 实测波形 | | 标准波形 | |

8. 确诊故障原因

电路故障	故障电路区间：	□短路　　□断路　　□虚接
器件故障	故障器件名称：	□机械损坏　　□电气损坏
其他故障	故障说明：	

9. 分析故障机理

机理分析：

使用建议：

学习任务3　检修充电系统

这节课你有什么收获？

你还有哪些疑问？

记录老师提到的重点、难点以及自己认为的重要知识。

新能源汽车动力蓄电池技术工作页

课程名称	新能源汽车动力蓄电池技术	小组名称	
学习任务	3.检修充电系统	学生姓名	
学习内容	3.4.4 充电系统故障诊断（奔腾 EVB50）	授课课时	4课时

● 信息收集

1. 接口定义

端子号	接口名称
1	
2	
3	
4	
5	

2. 插接件定义

插接件名称	端子号	端子定义
充电机 BMU 线束插接器	T6/1	
	T6/2	
	T6/3	
	T6/4	
	T6/5	
	T6/6	

170

3. 波形分析

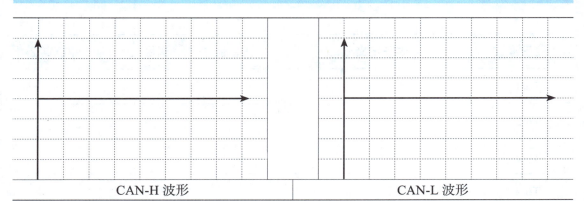

| CAN-H 波形 | CAN-L 波形 |

4. 电阻的测量

测量部位	端子号	端子定义	电阻值/Ω
车载充电机与BMU	T81/73		
	T6/1		
	T81/72		
	T6/2		
	T81/74		
	T6/3		
	T81/66		
	T6/4		
	T81/2		
	T6/5		

5. 补全电路图

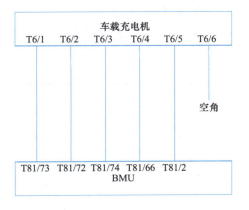

6. 数据测量（断路）

端子号	端子定义	正常值	测量点 1	测量点 2
T6/1				
T6/2				
T6/3				
T6/4				
T6/5				
T6/6				

7. 故障分析

端子号	故障现象	仪表显示	故障码
T6/1			
T6/2			
T6/3			
T6/4			
T6/5			
T6/6			

学习任务 3　检修充电系统

● 能力拓展

1. 登记车辆信息

品牌/车型		工作电压	
车辆识别码		制造年月	

2. 安装车辆防护用品

序号	防护用品	安装情况		
1	安装翼子板布	□是	□否	□无此项
2	安装前格栅布	□是	□否	□无此项
3	安装座椅套	□是	□否	□无此项
4	安装脚垫	□是	□否	□无此项
5	安装转向盘套	□是	□否	□无此项
6	安装变速杆套	□是	□否	□无此项
7	安装车轮挡块	□是	□否	□无此项

3. 执行高压作业安全规定

序号	作业流程	执行情况		
1	将变速杆置于 P 位	□是	□否	□无此项
2	拉起/放下驻车制动器	□是	□否	□无此项
3	关闭点火开关	□是	□否	□无此项
4	将钥匙妥善保存	□是	□否	□无此项
5	断开辅助蓄电池负极	□是	□否	□无此项
6	检查安全防护装备	□是	□否	□无此项
7	断开维修开关	□是	□否	□无此项
8	放置高压作业维修标识	□是	□否	□无此项
9	使用放电仪放电	□是	□否	□无此项
10	使用万用表测量系统电压	实测电压_____V		

新能源汽车动力蓄电池技术工作页

4. 描述故障现象

基本检查：

故障现象：

5. 查询故障信息

故障码：

冻结数据：

6. 分析可能原因

电路图：

可能原因：

7. 实施诊断流程

测量对象				
测量条件				
实测值				
标准值				

波形测量（测量对象）：_____

实测波形	标准波形

8. 确诊故障原因

电路故障	故障电路区间：	□短路　　□断路　　□虚接
器件故障	故障器件名称：	□机械损坏　　□电气损坏
其他故障	故障说明：	

9. 分析故障机理

机理分析：

_____
_____
_____

使用建议：

_____
_____
_____

新能源汽车动力蓄电池技术工作页

这节课你有什么收获?

你还有哪些疑问?

记录老师提到的重点、难点以及自己认为的重要知识。

3.5 任务评价

1. 汽车充电站和汽车加油站相类似，是一种"（　　）"的设备。

A. 加电　　　　　　　　　　B. 加油
C. 加水　　　　　　　　　　D. 加气

2. 充电站包括（　　）。

A. 供电系统　　　　　　　　B. 中央监控系统
C. 充电系统　　　　　　　　D. 配套设施

3. 无线充电模式有（　　）。

A. 电磁感应式充电　　　　　B. 磁场共振式充电
C. 快速充电模式　　　　　　D. 无线电波式充电

4. 传导式充电包括（　　）。

A. 交流充电　　　　　　　　B. 磁场共振式充电
C. 直流充电　　　　　　　　D. 无线电波式充电

5. 蓄电池更换站包括（　　）。

A. 供电系统　　　　　　　　B. 电控系统
C. 蓄电池更换系统　　　　　D. 蓄电池检测维护系统

6. 以下关于高压控制盒作用正确的是（　　）。

A. 完成动力蓄电池的分配，实现支路用电器的切断
B. 完成动力蓄电池的输出及分配，实现对支路用电器的保护及切断
C. 完成动力蓄电池的输出及分配、保护
D. 以上均正确

7. 高压控制盒更换正确的是（　　）①车辆断电；②拆卸高压控制盒；③车辆放电；④安装高压控制盒。

A. ①②③④　　　　　　　　B. ①②④③
C. ①③②④　　　　　　　　D. ④③②①

8. 高压控制盒拆卸步骤正确的是（　　）①拆卸高压控制盒插头并套好绝缘护套；②从发动机舱内拿出高压控制盒；③使用专用工具拆卸 DC-DC 变换器固定螺栓。

A. ①③② B. ①②③
C. ③②① D. ②③①

9. DC-DC 变换器是将（　　），给整车低压用电系统供电及对铅酸电池充电。

A. 动力蓄电池的高压直流电转换为整车高压交流电
B. 动力蓄电池的高压直流电转换为整车低压 12V 直流电
C. 动力蓄电池的高压直流电转换为整车低压 12V 交流电
D. 动力蓄电池的低压 12V 直流电转换为整车高压直流电

10. DC-DC 工作条件有（　　）。

A. 高压输入范围为 DC 290~420V　　B. 低压输入范围为 DC 290~420V
C. 高压输入范围为 DC 9~14V　　D. 低压输入范围为 DC 9~14V

11. 车载充电机采用高频开关电源技术，主要功能是（　　）。

A. 将交流 220V 市电转换为高压交流电给动力电池进行充电
B. 将交流 220V 市电转换为高压直流电给动力电池进行充电
C. 将交流 220V 市电转换为高压直流电给动力电池进行放电
D. 将直流 12V 电转换为高压直流电给动力电池进行充电